司法解释适用指引丛书
— 12 —

调 解
司法解释适用指引
司法实务版

人民法院出版社 编

人民法院出版社

图书在版编目（CIP）数据

调解司法解释适用指引 / 人民法院出版社编. -- 北京：人民法院出版社，2024.11. -- ISBN 978-7-5109-4287-7

Ⅰ.D925.05

中国国家版本馆CIP数据核字第2024JR5211号

调解司法解释适用指引

人民法院出版社　编

策划编辑	姜　峤
责任编辑	尹立霞
执行编辑	赵　爽
出版发行	人民法院出版社
地　　址	北京市东城区东交民巷27号（100745）
电　　话	（010）67550607（责任编辑）　67550558（发行部查询）
	65223677（读者服务部）
客服QQ	2092078039
网　　址	http://www.courtbook.com.cn
E-mail	courtpress@sohu.com
印　　刷	三河市国英印务有限公司
经　　销	新华书店
开　　本	787毫米×1092毫米　1/16
字　　数	215千字
印　　张	13.25
版　　次	2024年11月第1版　2024年11月第1次印刷
书　　号	ISBN 978-7-5109-4287-7
定　　价	48.00元

版权所有　侵权必究

编写说明

为准确理解和适用司法解释，助力人民法院统一法律适用，更好地满足法律工作者办案与查询的需求，我们编写了本套丛书。本丛书在每本以某一类别或某一司法解释为主题，汇集与该司法解释相关的最高人民法院司法政策精要、司法解释、司法观点、人民法院案例库案例、法答网精选答问以及相关的法律、法规、规章、司法文件等内容，兼具检索与研习功能，能够让广大法律实务工作者全面、快捷、方便地查找到该类案件办理所需的全部材料。

本丛书立足审判，涵盖婚姻家庭、劳动争议、公司企业、诉讼证据、民事诉讼、刑事诉讼、贪污贿赂渎职案件等27个法律专业领域，品类丰富齐全，为立案、调解、仲裁、诉讼、执行等工作提供权威指导，更好地服务司法审判、公众学法、学者科研、律师办案。本书为其中的《调解司法解释适用指引》。

本丛书各栏目具体编写情况如下：

【司法政策精要】该栏目摘编自最高人民法院公布的各种审判指导意见、会议纪要，最高人民法院院长对审判工作有重要指导意义的讲话，最高人民法院分管副院长在全国性审判工作会议上的讲话等。文中序号为原文序号，未作删改。

【司法解释】该栏目收录最新公布的司法解释，并在司法解释后附"导读及适用要点"，摘编自最高人民法院专家法官对该司法解释的权威解读，为该司法解释的准确适用提供参考、借鉴。

【司法观点】该栏目针对当前审判实务中难点、疑点、热点以及前沿问题，全面系统地总结和梳理了最高人民法院类案审判实践中的裁判理念和法律适用问题，帮助读者全面快速了解最高人民法院对审判实践中重点、难点问题的立场、观点，准确把握审判实践的具体方法、办案依据和裁判尺度。

【人民法院案例库案例】该栏目收录了人民法院案例库中的相关指导性案例及参考案例，精选裁判要点及裁判要旨，为司法实务提供了权威、规范、全面的案例指引。本书收录的人民法院案例库案例截至2024年10月。

【法答网精选答问】最高人民法院发布的精选答问具有释法说理、普法宣传等多方面的功能效用，一个精选问答可以解决一类法律问题，指导一批争议案例，是"附理由书的批复"。

【相关规定】该栏目精选现行有效相关法律、法规、司法解释、规章等内容，版本权威、内容实用，方便读者对照查询。

值得一提的是，本丛书为首次将最高人民法院裁判观点、人民法院案例库案例、法答网精选答问进行融合出版的图书。2023年，最高人民法院推动建立面向全社会的人民法院案例库、贯通四级法院的法答网。"一网一库"上线运行以来，充分发挥审判监督指导作用，促进统一裁判标准，有效提升广大法官的审判能力，助力司法审判提质增效，取得积极成效。本丛书进一步深化库网融合，促进统一法律适用的功能效用，为法律实务工作者提供覆盖全面、与时俱进的"活教材"。

本丛书内容简洁明了，查询方便快捷，在编排上力求全面、新颖、务实，但疏漏之处在所难免，欢迎广大读者提出批评和改进意见，以便为读者提供更好的法律服务。

人民法院出版社

二〇二四年十一月

目 录

第一部分 司法政策精要

一、诉讼调解

1. 一方当事人无正当理由不参与调解或者不履行调解协议、故意拖延诉讼的，人民法院可酌情增加其诉讼费用……………………………………… 1
2. 劳动人事争议仲裁委员会对调解协议仲裁审查申请不予受理或者经仲裁审查决定不予制作调解书的，人民法院可受理的情形……………………… 3
3. 人民检察院提起民事公益诉讼案件的调解………………………………… 4

二、非诉调解

4. 确定特邀调解组织的入册标准可参考的因素……………………………… 5
5. 特邀调解名册制度中的司法确认案件管辖规则…………………………… 5
6. 人民法院不能委派特邀调解名册以外的调解组织或调解员调解………… 6
7. 委派调解的可变期限………………………………………………………… 6
8. 当事人自行约定由特邀调解员调解，申请司法确认的，准确认定"调解协议签订地"………………………………………………………………………… 7
9. 民事诉讼程序繁简分流中应优化司法确认程序，健全特邀调解制度…… 7
10. 当事人经调解达成调解协议，不能申请司法确认的情形………………… 8
11. 诉前多元解纷联动衔接机制………………………………………………… 9
12. 诉调一体对接机制和"分调裁审"机制……………………………………… 9
13. 商会调解工作的司法保障…………………………………………………… 10
14. 商会调解的范围、调解组织的设立及运行………………………………… 11
15. 家事审判中的联席会议制度和多元化纠纷解决机制……………………… 12

16. 当事人申请司法确认的申请调解组所在地或委派调解的基层法院管辖 …… 13
17. 当事人自行选择由特邀调解组织调解，达成调解协议后向人民法院申请司法确认，应当确定管辖的法院 …… 14

三、执行程序

18. 涉嫌虚假诉讼案件中调解协议内容应符合基本要求 …… 15
19. 国际商事专家委员调解应坚持不公开、各方自愿的原则 …… 16
20. 国际商事专家委员主持调解的规则 …… 16

第二部分 司法解释

最高人民法院
关于人民调解协议司法确认程序的若干规定
（2011年3月23日）…… 18
【导读及适用要点】…… 20
　一、关于司法确认案件的管辖 …… 20
　二、关于司法确认的申请及受理 …… 22
　三、关于人民法院受理司法确认案件的范围 …… 22
　四、关于司法确认案件的审查 …… 23
　五、确认决定文书形式及效力 …… 25
　六、案外人权利救济 …… 26
　七、关于人民法院建立的调解员名册中的调解员调解达成协议后的司法确认问题 …… 27
　八、本规定的特点 …… 28

最高人民法院
关于人民法院特邀调解的规定
（2016年6月28日）…… 30
【导读及适用要点】…… 35
　一、法院应当如何开展特邀调解工作 …… 35
　二、特邀调解组织和特邀调解员的入册条件及义务 …… 36
　三、特邀调解的程序 …… 37

最高人民法院
　　关于人民法院民事调解工作若干问题的规定
　　　　（2020年12月29日修正）……………………………………39
　　【导读及适用要点】………………………………………………42
　　　　一、原则……………………………………………………42
　　　　二、强调民事诉讼应贯彻调解原则…………………………44
　　　　三、明确调解与裁判的关系…………………………………46
　　　　四、确立答辩期满前的调解…………………………………46
　　　　五、调解组织适度社会化……………………………………47
　　　　六、调解协议内容的开放性…………………………………47
　　　　七、调解激励机制……………………………………………48
　　　　八、当事人可以自愿选择调解协议的生效方式……………49
　　　　九、适用的案件范围…………………………………………50
　　　　十、时间效力…………………………………………………50
　　　　十一、排他效力………………………………………………50

人民法院在线调解规则
　　　　（2021年12月30日）……………………………………51
　　【导读及适用要点】………………………………………………57
　　　　一、人民法院在线调解的内涵………………………………57
　　　　二、在线调解的适用…………………………………………60
　　　　三、在线调解的主体及名册管理……………………………62
　　　　四、在线调解的程序规范……………………………………63
　　　　五、其他规定…………………………………………………68

第三部分　司法观点

一、诉讼调解

1. 先行调解的案件范围以家事纠纷、相邻关系、小额债务等适宜调解的七类
　　纠纷………………………………………………………………71

2. 事实清楚，法律关系明确，保障当事人的权利等因素可以作为径行调解案件的尺度……74

3. 婚姻关系等身份关系确认案件以及其他根据案件性质的不得进行调解……76

4. 认识调解应符合自愿原则的四个要点……77

5. 委托代理诉讼特别授权要列明授权事项……77

6. 有合法特别授权的委托诉讼代理人在诉讼中的法律行为效力的认定……78

7. 应准许自愿的调解协议超出当事人的诉讼请求……79

8. 考察调解符合合法原则的两个要点包括实体合法性和程序合法性……79

9. 调解及时性并不单纯采取时间予以限制应综合界定……80

10. 调解过程不公开，但不能关闭法庭上的录音录像设备……81

11. 正确认识调解保密的例外情形……81

12. 如何认定调解书的签收日与生效日……82

13. 调解书或调解协议生效后当事人反悔，法院不符合另行作出判决……83

14. 民事调解书能否公告送达……84

15. 对于已生效调解书可以适用留置送达，未生效调解书则不适用留置送达……85

16. 调解书可以有条件地适用电子送达……86

17. 当事人在空白送达回证上签收调解书的效力……87

18. 无独立请求权的第三人具有达成调解协议后的反悔权……87

19. 当事人同意调解协议签名或盖章生效的，在达成调解协议后拒签调解书不影响调解协议的效力……87

20. 二审调解时需要注意的问题……88

21. 在调解协议中未涉及的一审判项，可以在与调解书不冲突，也不损害其他各方当事人合法权益的情况下，在二审判决中予以确认……89

22. 对生效调解协议申请人民法院制作调解书后可以通过审判监督程序予以救济……90

23. 农村土地承包仲裁委员会以超过申请仲裁时效期间为由驳回当事人申请，当事人起诉的，人民法院应当受理……90

24. 当事人对委派调解达成的调解协议有争议提起诉讼的，人民法院应当受理……92

25. 一事不再理原则是否适用于调解协议经民事调解书确认并发生法律效力的案件 ·· 92
26. 当事人基于调解书生效后产生的新的事实，重新提起诉讼的，应当进行实体审理 ·· 93
27. 集团诉讼中人民法院制作的调解书不可以适用于后诉当事人 ······ 95
28. 债务人在财产已进入查封、拍卖程序后通过法院调解书对财产另行处置的，不影响债权人实现债权，债权人无须提起撤销之诉 ··········· 96
29. 第三人撤销之诉中，人民法院对调解书的撤销与改变 ··············· 97
30. 提起撤销之诉的案外人不能充分证明生效判决、裁定、调解书确实存在错误且损害其民事权益的，应当驳回诉讼请求 ························· 98
31. 第三人撤销之诉调解书的撤销与改变 ···································· 101
32. 不应裁定再审的调解书在再审审理程序中的处理方式 ··············· 102
33. 在原审程序遗漏了必要共同诉讼人，再审程序是依二审程序审理时，被遗漏者参加了再审程序，该案也可调解结案 ······················ 103
34. 当事人申请撤销仲裁调解书的，人民法院不予受理 ·················· 104
35. 仲裁调解书被人民法院依职权裁定不予执行的，当事人可以向人民法院起诉 ··· 104
36. 调解协议或和解协议可在另一诉讼中作为书证 ······················· 105
37. 调解过程中已确认的无争议事实在诉讼中当事人无须举证 ········ 107
38. 人民法院确认当事人达成的以物抵债协议的民事调解书，并不能直接发生物权变动效力 ··· 109
39. 人民法院审理共有物分割纠纷案件应注重调解，促成共有人达成分割协议 ··· 111
40. 人民法院是否可在民事调解书中明确当事人享有建设工程价款优先受偿权 ··· 112
41. 人民法院审理一方起诉请求解除收养关系的案件应注重调解 ····· 113

二、非诉调解

42. 加强诉讼与非诉讼解纷方式的衔接配合 ································ 114
43. 特邀调解终止后应与法院进行工作交接 ································ 117
44. 人民法院接到特邀调解员虚假调解报告后的处理 ···················· 117

45. 关于调解协议司法确认案件申请主体、申请范围及案件管辖的规定 …… 118
46. 委托调解达成调解协议后当事人申请撤诉的处理 ……………………… 119
47. 禁止邀请宗教人士利用信教群众的宗教信仰处理农村矛盾纠纷 ……… 120
48. 关于司法确认案件管辖规则的适用 ……………………………………… 121
49. 调解协议申请司法确认的具体情形 ……………………………………… 123
50. 中级人民法院委派调解达成调解协议司法确认案件的管辖 …………… 124
51. 依无异议调解方案认可机制达成的调解协议可申请司法确认 ………… 125
52. 处理确认裁定错误的救济问题 …………………………………………… 126
53. 司法确认案件不收费 ……………………………………………………… 128

三、执行程序

54. 执行完毕后的调解书因债务人的代理人的代理权限问题被撤销，但双方的债权债务关系未改变，不需要执行回转 ………………………………… 128
55. 对于仲裁裁决、调解书的不予执行，应当严格遵循法定程序、适用法定情形。在法无明文规定的情况下，不得随意扩大不予执行的情形 …………… 129
56. 以民事调解书形式达成的以物抵债协议不足以排除另案的强制执行 … 130
57. 当事人主张通过民事调解书取得案涉财产物权请求停止执行的请求能否获得支持 …………………………………………………………………… 131

四、其 他

58. 股东代表诉讼可以调解 …………………………………………………… 133
59. 股东代表诉讼中，调解协议须经公司股东（大）会、董事会决议通过 … 134
60. 正确把握实践中常见的虚假和解、调解的情形 ………………………… 135
61. 国际商事专家委员主持调解的，应签署无利益冲突的书面声明 ……… 138
62. 当事人可在调解协议中约定不履行调解协议就执行一审判决 ………… 138
63. 申请实现担保物权不应进行调解 ………………………………………… 139
64. 具有债权内容的人民调解协议可以申请支付令 ………………………… 139
65. 调解协议案件当事人的确定 ……………………………………………… 140
66. 为达成调解或和解协议而认可的事实不适用自认规则 ………………… 141
67. 调解书直接送达的，基于调解书的特殊性，不适用留置送达 ………… 144

第四部分　人民法院指导性案例和人民法院案例库参考案例

一、第三人撤销之诉

指导案例152号：鞍山市中小企业信用担保中心诉汪某、鲁某英第三人撤销之诉案 …………………………………………………………… 145

二、司法确认

贵州省人民政府与息烽某劳务有限公司、贵阳某化肥有限公司申请司法确认调解协议案
　——对生态环境损害赔偿协议进行司法确认应遵循公告、审查等程序性规则 ……………………………………………………………… 148

郑州市生态环境局与河南某建筑工程有限公司申请司法确认调解协议案
　——对因非法倾倒有毒土壤造成生态环境损害达成的赔偿协议可依法进行司法确认 …………………………………………………… 151

四川省生态环境厅与彭州市某物流公司申请司法确认调解协议案
　——生态环境损害赔偿协议可以按照民事诉讼法相关规定由中级人民法院进行司法确认 …………………………………………… 152

杭州市生态环境局、某陆生物化工公司生态环境损害赔偿司法确认案
　——生态环境损害赔偿协议可以约定分期支付赔偿金 ………… 155

贵州省生态环境厅、云南省生态环境厅与贵州省某煤焦化公司生态环境损害赔偿协议司法确认案
　——法院可以在审查生态环境损害赔偿协议时，依法促成申请人达成更有利于生态环境修复的协议 ……………………………………… 157

邯郸市生态环境局、邯郸市生态环境局丛台分局与邯郸某排水公司、邯郸某污水处理公司生态环境损害赔偿协议司法确认案
　——生态环境纠纷人民调解委员会参与的生态环境损害赔偿协议可以申请司法确认 ……………………………………………………… 159

三、执行程序

沂水某银行与临沂某集团公司等执行复议案
　——调解书没有确定民事违约责任的，可以计算迟延履行债务利息 …… 161

贵州某房地产公司与贵州某银行执行监督案
　　——被执行人不能以申请执行人申请终结本次执行程序为由，主张免除终结本次执行程序期间的迟延履行利息 …………………… 164
任某某与山西某房地产公司执行监督案
　　——当事人在仲裁调解书中约定的逾期还款违约金具有惩罚性的，一般不得再以其为基数计算加倍部分的债务利息 …………………… 166
王某某与某某公司、谢某某执行监督案
　　——履行民事调解书过程中违约责任的争议应另行诉讼解决 …………… 169

四、其 他

尚某诉柳州某塑料制品厂专利权宣告无效后返还费用纠纷案
　　——专利无效后对调解书已履行部分显失公平的认定 ……………… 172
山东倪某房地产开发有限公司诉文登市惠某房地产开发有限公司商品房预售合同案
　　——基于后让与担保签订的商品房预售合同经调解解除是否构成虚假诉讼 …174

第五部分　相关规定

中华人民共和国民事诉讼法（节录）
　　（2023 年 9 月 1 日）…………………………………………………… 178
中华人民共和国人民调解法
　　（2010 年 8 月 28 日）………………………………………………… 181
最高人民法院
关于适用《中华人民共和国民事诉讼法》的解释（节录）
　　（2022 年 4 月 1 日）………………………………………………… 186
最高人民法院
关于印发《最高人民法院关于民商事案件繁简分流和调解速裁操作规程（试行）》的通知
　　（2017 年 5 月 8 日）………………………………………………… 188
人民调解工作若干规定
　　（2002 年 9 月 26 日）………………………………………………… 193

第一部分　司法政策精要

一、诉讼调解

1.一方当事人无正当理由不参与调解或者不履行调解协议、故意拖延诉讼的，人民法院可酌情增加其诉讼费用

38. 发挥诉讼费用杠杆作用。当事人自行和解而申请撤诉的，免交案件受理费。当事人接受法院委托调解的，人民法院可以适当减免诉讼费用。一方当事人无正当理由不参与调解或者不履行调解协议、故意拖延诉讼的，人民法院可以酌情增加其诉讼费用的负担部分。

——《最高人民法院关于人民法院进一步深化多元化纠纷解决机制改革的意见》（2016年6月28日，法发〔2016〕14号）（节选）。

诉讼费用杠杆作用的发挥，实际是对宏观司法政策的回应和落实。其作用，具体表现为正面的激励和反面的惩罚两个方面。

（一）正面的激励作用

诉讼费用直接关系到当事人的切身利益，从而对诉讼的提起和进行产生着重要影响。[①] 为鼓励当事人自行和解和利用调解解决纠纷，满足当事人多元化的纠纷解决需求，《诉讼费用交纳办法》第十五条规定，以调解方式结案或者当事人申请撤诉的，减半交纳案件受理费。而本条则更进一步加大了激励的力度，即自行和解而申请撤诉的，完全免交诉讼费用；而接受法院委托调

---

① 廖永安：《诉讼费研究——以当事人诉权保护为分析视角》，中国政法大学出版社2006年版，第7页。

解的，人民法院可适当减免诉讼费用。

本条以减少司法资源消耗作为激励的目的和适用的标准。当事人通过庭外自行和解方式达成协议，不申请法院进行司法确认或出具民事调解书，以撤诉方式解决纠纷，这基本未动用和消耗司法的审判资源，法院可以免收受理费；当事人接受法院委托调解，通过社会力量化解纠纷，法院可以根据接受委托的阶段、委托调解的结果等具体情况，大致确定司法耗费资源的多少，适当减免诉讼费用。而明确的诉讼费用标准和倾向性的鼓励规定，有助于当事人合理地预测诉讼成本和收益，从而选择更符合自己程序利益的纠纷解决方式。

（二）反面的惩罚作用

法律应当倡导当事人采用理性的态度对待诉讼。这是因为司法资源作为社会公共资源的一部分，公众具有不得滥用的义务。然而，在当前法院受理的案件中，虽然对于虚假调解设置相应的惩处条款，但是对于非理性的诉讼行为，如提起"天价"诉讼请求又拒绝调解的行为，却缺乏应有的惩处机制。正是为了弥补现有立法不足，本条规定了应对恶意妨碍其他非诉纠纷解决方式适用行为的惩治，即如果一方当事人拒绝参加调解、不履行调解协议或者故意拖延诉讼，法院可在判决中对其导致诉讼的责任进行认定，判令其承担更多的诉讼费用。

可见，建立诉讼费用的惩罚机制的根本目的在于，通过更多诉讼费用的承担对非理性诉讼行为予以相应的惩处，既抑制非理性诉讼的发生，又从程序上促使当事人考虑调解，优先选择最为经济、有效的纠纷处理方式。

但必须提醒的是，应极力避免该罚则为变相地强制当事人达成调解协议提供空间。因为自愿是调解必须遵守且贯之始终的基本原则，因而适用诉讼费罚则时应当注意以下事项：

1. 适用的情形仅限于当事人拒绝参与调解、不履行调解协议、故意拖延诉讼三种，至于当事人是否持续地参与调解、是否达成协议、达成何种内容的协议，则不在此列。

2. 无正当理由不参与调解的界定应考虑案件的性质、案件事实、审判是否对案件的处理更加有利、尝试其他争议解决方式的程度、调解的成本等因素。如果案件性质不适合调解、当事人在诉至法院前已尝试过调解或者调解成本明显过高，则当事人有权拒绝参与调解。

3. 建立案件的甄选程序。诉至法院的纠纷并非都适合调解，将不具有可调解性的纠纷强行进入调解程序，最终难以达成协议，反而拖延诉讼程序，增加诉讼成本，故在适用诉讼费罚则之前要建立案件的甄选程序。调解员在甄选纠纷时，首先要考虑将法定不应当调解的纠纷排除在外；其次根据案件的特点和当事人的情况选择适合调解的纠纷。

——李少平主编：《最高人民法院多元化纠纷解决机制改革意见和特邀调解规定的理解与适用》，人民法院出版社 2017 年版，第 340~341 页。

2. 劳动人事争议仲裁委员会对调解协议仲裁审查申请不予受理或者经仲裁审查决定不予制作调解书的，人民法院可受理的情形

一、劳动人事争议仲裁委员会对调解协议仲裁审查申请不予受理或者经仲裁审查决定不予制作调解书的，当事人可依法就协议内容中属于劳动人事争议仲裁受理范围的事项申请仲裁。当事人直接向人民法院提起诉讼的，人民法院不予受理，但下列情形除外：

（一）依据《中华人民共和国劳动争议调解仲裁法》第十六条规定申请支付令被人民法院裁定终结督促程序后，劳动者依据调解协议直接提起诉讼的；

（二）当事人在《中华人民共和国劳动争议调解仲裁法》第十条规定的调解组织主持下仅就劳动报酬争议达成调解协议，用人单位不履行调解协议约定的给付义务，劳动者直接提起诉讼的；

（三）当事人在经依法设立的调解组织主持下就支付拖欠劳动报酬、工伤医疗费、经济补偿或者赔偿金事项达成调解协议，双方当事人依据《中华人民共和国民事诉讼法》第二百零一条①规定共同向人民法院申请司法确认，人民法院不予确认，劳动者依据调解协议直接提起诉讼的。

——《人力资源社会保障部、最高人民法院关于劳动人事争议仲裁与诉讼衔接有关问题的意见（一）》（2022 年 2 月 21 日，人社部发〔2022〕9 号）（节选）。

---

① 现为《民事诉讼法》(2023 年修正) 第二百零九条。

3.人民检察院提起民事公益诉讼案件的调解

第八条 人民检察院与被告达成和解协议或者调解协议后,人民法院应当将协议内容公告,公告期间不少于三十日。

公告期满后,人民法院审查认为和解协议或者调解协议内容不损害社会公共利益的,应当出具调解书。

——《最高人民法院关于印发〈人民法院审理人民检察院提起公益诉讼案件试点工作实施办法〉的通知》(2016年2月25日,法发〔2016〕6号)(节选)。

在民事公益诉讼中,人民检察院与被告和解或者调解,人民法院应按照《实施办法》第八条的规定履行相关程序。如此规定除依据《民事诉讼法司法解释》第二百八十九条的规定外,还基于以下三方面的考虑:首先,民事公益诉讼仍属于民事诉讼,和解、调解是解决民事纠纷的重要方式。如果达成和解或调解能够让公共利益得以有效保护,能够达到与判决同样的保护社会公益的效果,有时甚至比判决更容易得到执行,当然就应当允许当事人进行和解或者调解。其次,以和解、调解方式解决纠纷,既节省了司法资源,也提高了司法效率。最后,国外司法实践中,调解可以作为公益诉讼的结案方式。如美国微软案件,美国总检察长在审理中提出了和解方案与被告协商,顺利解决了诉讼争议。

由于公益诉讼自身的公益性质,人民检察院与被告达成和解协议或者调解协议应当接受社会和公众的监督,人民法院应当将协议内容公告,公告期间不少于三十日,防止和避免发生有损社会公共利益的情形。人民法院还应当尽到合法性的审查职责,在确认不损害社会公共利益的情况下,应当对当事人的和解或调解协议出具调解书,以避免当事人签订和解协议并撤诉后,义务人反悔,公共利益得不到有效维护。

——范明志、韩建英、黄斌:《〈最高人民法院关于印发〈人民法院审理人民检察院提起公益诉讼案件试点工作实施办法〉的通知〉的理解与适用》,载江必新主编:《最高人民法院司法解释与指导性案例理解与适用》第五卷,人民法院出版社 2017 年版，第 629 页。

二、非诉调解

4.确定特邀调解组织的入册标准可参考的因素

三、明确特邀调解组织入册标准。试点法院可以结合工作实际，参考下列因素确定特邀调解组织的入册标准：（1）有明确法律法规或者政策依据；（2）有明确监督管理机构；（3）持有相关主管机构批准设立的正式文件；（4）有调解组织章程和工作规则；（5）有开展调解工作的经费；（6）有必要数量的专职调解员；（7）未受过刑事处罚、近三年内未受过严重行政处罚和行业处分；（8）不存在其他不宜加入名册的情形。试点法院可以根据特定专业领域的纠纷特点，规定专业调解组织的加入条件。

四、明确特邀调解员入册标准。试点法院可以结合工作实际，参考下列因素确定特邀调解员的入册标准：（1）拥护中国共产党的领导、拥护宪法；（2）遵纪守法、品行端正、热心调解事业；（3）具备从事调解工作所必需的文化水平、法律知识和身体条件；（4）未受过刑事处罚、近三年内未受过严重行政处罚和行业处分、未被列入失信被执行人名单；（5）未加入任何调解组织、以个人名义开展调解工作；（6）不存在其他不宜加入名册的情形。相关主管机构已经建立调解员资质认证制度的，试点法院可以直接将相关资质证明文件作为入册标准。

——《最高人民法院关于进一步健全完善民事诉讼程序繁简分流改革试点法院特邀调解名册制度的通知》（2021 年 6 月 16 日，法〔2021〕150 号）（节选）。

5.特邀调解名册制度中的司法确认案件管辖规则

九、优化司法确认案件管辖规则。在市域范围内由上级法院统建名册的试点地区，当事人申请司法确认调解协议的，可以按照民事诉讼法除协议管辖外的其他地域管辖规定，向与争议有实际联系的地点的人民法院提出。符合级别管辖或者专门管辖标准的，向相应的中级人民法院或者专门人民法院提出。接受人民法院立案前委派调解的，向作出委派的人民法院提出。

——《最高人民法院关于进一步健全完善民事诉讼程序繁简分流改革试点法院特邀调解名册制度的通知》（2021年6月16日，法〔2021〕150号）（节选）。

6.人民法院不能委派特邀调解名册以外的调解组织或调解员调解

在现阶段，确保特邀调解和司法确认紧密衔接，是防范化解风险、发挥调解优势的重要保障，不能绕开名册搞"体外循环"。人民法院委派调解的对象，除人民调解组织外，应当是特邀调解名册之内的调解组织和调解员。实践中，当事人可以基于自愿，自主选择由名册之外的调解组织、调解员调解解决纠纷，达成调解协议后应当自动履行；这类情况申请司法确认的，人民法院不予受理。

——《最高人民法院关于印发〈民事诉讼程序繁简分流改革试点问答口径（一）〉的通知》（2020年4月15日，法〔2020〕105号）（节选）。

7.委派调解的可变期限

根据《最高人民法院关于特邀调解的规定》《最高人民法院关于进一步完善委派调解机制的指导意见》《最高人民法院关于人民法院深化"分调裁审"机制改革的意见》的相关规定，人民法院委派调解的，调解期限为三十日。实践中，确定调解期限需要注意以下三个方面：第一，委派调解期限为可变期间，调解过程中出现《最高人民法院关于特邀调解的规定》第二十六条规定情形的，应当及时终止调解，符合立案条件的必须及时转入诉讼程序。同时，经双方当事人同意的，可以适当延长调解期限。第二，委派调解期限可以适用扣除。根据《最高人民法院关于进一步完善委派调解机制的指导意见》第七条，委派调解过程中，经当事人申请和人民法院同意，由人民法院依程序组织鉴定或者评估的，鉴定、评估期间不计入委派调解期限。第三，委派调解的期限自特邀调解组织或者特邀调解员签字接收法院移交材料之日起计算。人民法院开展委派调解，应当编立"诉前调"案号，并将案件信息录入"人民法院调解平台"。案件分配至特邀调解组织或特邀调解员时，应当尽量确保案号编立时间和材料移交时间一致。

——《最高人民法院关于印发〈民事诉讼程序繁简分流改革试点问答口径（二）〉的通知》（2020年10月23日，法〔2020〕272号）（节选）。

8.当事人自行约定由特邀调解员调解，申请司法确认的，准确认定"调解协议签订地"

当事人自行约定由特邀调解员调解的，可以分三种情形处理：第一，调解协议实际签订地与管理特邀调解名册的基层人民法院辖区一致的，由调解协议实际签订地的基层人民法院管辖；第二，调解协议实际签订地与管理特邀调解名册的基层人民法院辖区不一致的，以管理特邀调解名册的基层人民法院辖区为调解协议签订地；第三，因调解协议在线签订等情况，难以确定实际签订地的，由管理特邀调解名册的基层人民法院管辖。

——《最高人民法院关于印发〈民事诉讼程序繁简分流改革试点问答口径（一）〉的通知》（2020年4月15日，法〔2020〕105号）（节选）。

9.民事诉讼程序繁简分流中应优化司法确认程序，健全特邀调解制度

（一）优化司法确认程序。健全特邀调解制度，加强特邀调解名册管理，完善诉前委派调解与司法确认程序的衔接机制。合理拓宽司法确认程序适用范围，经律师调解工作室（中心）等特邀调解组织、特邀调解员，或者人民调解委员会依法调解达成民事调解协议的，当事人可以按照程序要求，向人民法院申请司法确认。完善司法确认案件管辖规则，符合级别管辖和专门管辖标准的，由对应的中级人民法院和专门人民法院受理。

——《最高人民法院关于印发〈民事诉讼程序繁简分流改革试点方案〉的通知》（2020年1月15日，法〔2020〕10号）（节选）。

第二条 人民法院应当建立特邀调解名册，按照规定的程序和条件，确定特邀调解组织和特邀调解员，并对名册进行管理。

第三条 经人民调解委员会、特邀调解组织或者特邀调解员调解达成民事调解协议的，双方当事人可以自调解协议生效之日起三十日内共同向人民法院申请司法确认。

第四条 司法确认案件按照以下规定依次确定管辖：

（一）委派调解的，由作出委派的人民法院管辖；

（二）当事人选择由人民调解委员会或者特邀调解组织调解的，由调解组织所在地基层人民法院管辖；当事人选择由特邀调解员调解的，由调解协议签订地基层人民法院管辖。

案件符合级别管辖或者专门管辖标准的，由对应的中级人民法院或者专门人民法院管辖。

——《最高人民法院关于印发〈民事诉讼程序繁简分流改革试点实施办法〉的通知》(2020年1月15日，法〔2020〕11号)(节选)。

10.当事人经调解达成调解协议，不能申请司法确认的情形

《民事诉讼法司法解释》第三百五十七条规定：调解协议内容涉及适用其他特别程序、物权确权以及不属于人民法院受理范围等情形，当事人申请司法确认的，人民法院应当裁定不予受理或驳回申请。根据上述规定，对于第（一）类调解协议，当事人应当按照《中华人民共和国民事诉讼法》(以下简称《民事诉讼法》)第一百九十六条[①]、第一百九十七条[②]的规定，通过实现担保物权程序解决；对于第（二）(三)类调解协议，由于房屋所有权分割、代持股权权属认定属于确权类纠纷，不宜由司法确认程序处理，应当通过诉讼程序解决；对于第（四）类调解协议，根据《中华人民共和国仲裁法》第五条和《民事诉讼法》第一百二十四条[③]的规定，当事人已经达成书面仲裁协议，约定通过仲裁方式解决纠纷的，不属于人民法院主管范围，应当按照约定提起仲裁。总之，上述调解协议均不符合司法确认程序的适用条件，当事人不能申请司法确认。

---

① 现为《民事诉讼法》(2023年修正)第二百零七条。
② 现为《民事诉讼法》(2023年修正)第二百零八条。
③ 现为《民事诉讼法》(2023年修正)第一百三十一条。

——《最高人民法院关于印发〈民事诉讼程序繁简分流改革试点问答口径（二）〉的通知》（2020年10月23日，法〔2020〕272号）（节选）。

11.诉前多元解纷联动衔接机制

8.完善诉前多元解纷联动衔接机制。联合有关部门出台推进多元解纷文件，加强与调解、仲裁、公证、行政复议的程序衔接，健全完善行政裁决救济程序衔接机制。畅通与工会、共青团、妇联、法学会、行政机关、仲裁机构、公证机构、行业协会、行业组织、商会等对接渠道，加强数据协同共享，指派专人开展联络工作。促进建立调解前置机制，发挥人民调解、行政调解、律师调解、行业调解、专业调解、商会调解等诉前解纷作用。加强调解协议司法确认工作，进一步完善司法确认程序，探索建立司法确认联络员机制，推动司法确认全面对接人民调解等线上平台，实现人民调解司法确认的快立快办。

——《最高人民法院关于建设一站式多元解纷机制一站式诉讼服务中心的意见》（2019年7月31日，法发〔2019〕19号）（节选）。

12.诉调一体对接机制和"分调裁审"机制

10.完善诉调一体对接机制。促进诉调对接实质化。建立由法官、法官助理、书记员及调解员组成的调解速裁团队，及时做好调解指导，强化诉调统筹衔接，做到能调则调，当判则判。对起诉到法院的纠纷，释明各类解纷方式优势特点，提供智能化风险评估服务，宣传诉讼费减免政策，按照自愿、合法原则，引导鼓励当事人选择非诉讼方式解决纠纷。对能够通过行政裁决解决的，引导当事人依法通过行政裁决解决；对适宜调解且当事人同意的，开展立案前先行调解。调解成功、需要出具法律文书的，由调解速裁团队法官依法办理；调解不成的，调解员应当固定无争议事实，协助做好送达地址确认等工作。明确诉前调解时限，规范调解不成后的立案和繁简分流程序。建立诉前调解案件管理系统，做到逐案登记、全程留痕、动态管理，并将诉前调解工作量纳入考核统计范围。

11.完善"分调裁审"机制。普遍开展一审案件繁简分流工作，探索二审案件的繁简分流。设立程序分流员负责调裁分流和繁简分流。完善民商事、行政案件繁简分流标准，根据案由、诉讼主体、诉讼请求、法律关系、诉讼程序等要素，确定简案范围。普遍应用系统算法加人工识别，实现精准分流。在诉讼服务中心配备速裁法官或团队，综合运用督促程序、司法确认程序、小额诉讼程序、简易程序、普通程序等，从简从快审理简单案件。建立简案速裁快审配套机制。推进诉讼程序简捷化，实行类案集中办理，建立示范诉讼模式，制作类案文书模板，全面运用智能语音、网上审理等方式，提升审理效率。建立健全程序转换机制，指定专门团队承接简转繁案件办理工作，畅通案件流转渠道。

——《最高人民法院关于建设一站式多元解纷机制一站式诉讼服务中心的意见》（2019年7月31日，法发〔2019〕19号）（节选）。

13.商会调解工作的司法保障

7. 完善诉调对接机制。人民法院吸纳符合条件的商会调解组织或者调解员加入特邀调解组织名册或者特邀调解员名册。名册实行动态更新和维护，并向当事人提供完整、准确的调解组织和调解员信息，供当事人选择。落实委派调解和委托调解机制，加强与商会调解组织对接工作，探索设立驻人民法院调解室。加强诉讼与非诉讼解决方式的有机衔接，引导当事人优先选择商会调解组织解决纠纷。

8. 强化司法保障作用。经调解达成的调解协议，具有法律约束力，当事人应当按照约定履行。能够即时履行的，调解组织应当督促当事人即时履行。当事人申请司法确认的，人民法院应当及时审查，依法确认调解协议的效力。人民法院在立案登记后委托商会调解组织进行调解达成协议的，当事人申请出具调解书或者撤回起诉的，人民法院应当依法审查并制作民事调解书或者裁定书。对调解不成的纠纷，依法导入诉讼程序，切实维护当事人的诉权。

——《最高人民法院、全国工商联印发〈关于发挥商会调解优势推进民营经济领域纠纷多元化解机制建设的意见〉的通知》（2019年1月14日，法〔2019〕11号）（节选）。

《最高人民法院、全国工商联关于发挥商会调解优势 推进民营经济领域纠纷多元化解机制建设的意见》鼓励各级人民法院在为民营经济发展营造良好法治环境方面有所作为，积极发挥司法的引领、推动和保障作用。

一要加强平台建设，为法院与商会调解组织对接创造良好的条件。各级人民法院要吸纳符合条件的商会调解组织或者调解员加入特邀调解组织名册或者特邀调解员名册，加强诉调对接工作，探索设立驻人民法院调解室，为商会调解提供工作场所。

二要完善司法确认工作，为商会调解提供效力保障。当事人申请司法确认的，应当及时审查，依法确认。有条件的要积极开通在线调解平台，实现在线申请、在线确认，以提高工作效率。

三要加强制度建设，为诉讼与商会调解的衔接提供制度保障。要积极引导当事人选择非诉调解的方式解决纠纷，落实委派调解和委托调解机制，将适宜调解的纠纷分流至商会调解组织或者调解员。对于调解不成或者当事人不同意调解的，依法导入诉讼程序，切实维护当事人的诉权。

——《规范商会调解组织 助力民营经济发展——最高人民法院、全国工商联相关负责同志就〈关于发挥商会调解优势 推进民营经济领域纠纷多元化解机制建设的意见〉答记者问》，载《人民法院报》2019年1月28日。

14.商会调解的范围、调解组织的设立及运行

3.明确商会调解范围。商会调解以民营企业的各类民商事纠纷为主，包括商会会员之间的纠纷，会员企业内部的纠纷，会员与生产经营关联方之间的纠纷，会员与其他单位或人员之间的纠纷，以及其他涉及适合商会调解的民商事纠纷。

4.强化商会调解纠纷功能。工商联加强对所属商会的指导、引导和服务，支持商会依照法律法规及相关程序设立调解组织、规范运行，使调解成为化解民营经济领域矛盾纠纷的重要渠道。支持商会建立人民调解委员会，为企业提供基础性公益性纠纷解决服务。支持企业、商会建立劳动争议调解组织，及时化解劳动争议，维护劳动关系的和谐稳定。鼓励行业商会组织发挥自身

优势，建立专业化的行业调解组织。鼓励具备条件的商会设立商事调解组织，发挥商事调解组织化解专业纠纷的重要作用。商会设立的商事调解组织应当在省级工商联和全国工商联备案。

5. 主动预防化解矛盾纠纷。各级工商联及所属商会要加强法律服务平台（中心）建设，完善维权援助机制，鼓励有条件的企业设立法务部门、公司律师或聘请法律顾问，形成协调联动的法律服务力量。通过普法宣传、典型案例等形式，主动对企业、行业纠纷进行排查、监测和预警，加强矛盾纠纷源头治理。强化行业自律和行业治理，将诚实信用、公平竞争、和合共赢等理念纳入商会章程、企业合同条款，督促自觉履行生效裁决或调解协议。

6. 规范商会调解组织运行。商会调解组织由工商联或所属商会根据需要设立，应具有规范的组织形式、固定的办公场所及调解场地、专业的调解人员和健全的调解工作制度。商会调解组织应当吸纳符合条件的优秀企业家、商会人员、法律顾问、行业专家、律师、工会代表以及其他社会人士担任调解员。对外公布商会调解组织和调解员名册、调解程序以及调解规则。规范纠纷流程管理，完善调解与诉讼衔接程序，建立纠纷受理、调解、履行、回访以及档案管理、信息报送、考核评估等制度，注重保护当事人隐私和商业秘密，切实维护双方当事人权益，不断增强商会调解的规范性和公信力。全国工商联法律维权服务中心加强纠纷调解职能，推动横向联通、纵向联动，共同推动商会调解工作。

——《最高人民法院、全国工商联印发〈关于发挥商会调解优势 推进民营经济领域纠纷多元化解机制建设的意见〉的通知》（2019年1月14日，法〔2019〕11号）（节选）。

15.家事审判中的联席会议制度和多元化纠纷解决机制

4. 不断创新工作机制，积极争取各级党委和政府的支持，加强与相关职能部门和单位的协调配合，动员和激励社会各界力量共同参与，推动建立司法、行政和社会相结合的多元化纠纷解决机制，共同打造共建共治共享的社会治理格局。

——《最高人民法院关于进一步深化家事审判方式和工作机制改革的意

见（试行）》（2018年7月18日，法发〔2018〕12号）（节选）。

做好家事审判工作，党委的领导和支持至关重要，同时也离不开政府部门和社会各界的支持与参与。例如，山东武城法院紧紧依靠党委推动家事审判改革工作的经验值得其他法院借鉴和学习。各试点法院今后要继续争取党委的领导和支持，加强与相关部门的沟通联系，动员社会各方面力量共同参与家事纠纷化解，完善家事审判多元化纠纷解决机制。最高人民法院正在积极协调，准备建立包括中央综治办、国务院妇儿工委、民政、教育、妇联等十多家部门共同参与的家事审判改革部际联席会议制度，力争形成"党委领导、政府尽责、法院牵头、社会参与"的良好工作局面。家事审判改革部际联席会议制度建立以后，将明确各部门的职责任务，一定程度上能够解决部门之间沟通协作不顺畅的问题，为各地法院牵头建立联席会议制度起到示范作用。各高级人民法院和试点法院也要继续争取党委的领导和支持，加强与相关部门的沟通联系，动员社会各方面力量共同参与家事纠纷化解，完善家事审判多元化纠纷解决机制。同时积极与相关部门建立长效协作机制，建立家事案件案后回访帮扶制度，共同帮助当事人解决实际困难，修复或重建婚姻家庭关系，促进家事纠纷的有效解决。

——杜万华：《杜万华大法官民事商事审判实务演讲录（二）》，人民法院出版社2019年版，第132页。

16.当事人申请司法确认的申请调解组所在地或委派调解的基层法院管辖

31.完善司法确认程序。经行政机关、人民调解组织、商事调解组织、行业调解组织或者其他具有调解职能的组织调解达成的具有民事合同性质的协议，当事人可以向调解组织所在地基层人民法院或者人民法庭依法申请确认其效力。登记立案前委派给特邀调解组织或者特邀调解员调解达成的协议，当事人申请司法确认的，由调解组织所在地或者委派调解的基层人民法院管辖。

——《最高人民法院关于人民法院进一步深化多元化纠纷解决机制改革

的意见》(2016年6月28日,法发〔2016〕14号)(节选)。

特邀调解组织和特邀调解员是人民法院附设调解的主力军,其主持调解达成的调解协议能否申请司法确认,在民事诉讼法及其解释中暂未有明确规定,制约了特邀调解工作的自主发展和功能发挥。《扩大试点方案》规定名册中的特邀调解组织和特邀调解员调解达成协议后,当事人申请司法确认的,人民法院应当受理。试点法院依据该项规定,积极推进特邀调解工作,在立案前调解了大量纠纷,收到了积极的成效。在总结试点改革成功经验的基石上,《深化多元改革意见》再次明确,"登记立案前委派给特邀调解组织或者特邀调解员调解达成的协议,当事人申请司法确认的,由调解组织所在地或者委派调解的基层人民法院管辖。"这一规定为明确特邀调解达成的调解协议的司法确认进一步提供了具体依据。但从长远来看,有必要将该条规定的内容吸纳进民事诉讼法,为人民法院的特邀调解及其司法确认机制提供明确的法律依据,从根本上夯实特邀调解的发展基础。

——李少平主编:《最高人民法院多元化纠纷解决机制改革意见和特邀调解规定的理解与适用》,人民法院出版社2017年版,第290页。

17.当事人自行选择由特邀调解组织调解,达成调解协议后向人民法院申请司法确认,应当确定管辖的法院

当事人自行选择由特邀调解组织调解,达成调解协议后向人民法院申请司法确认的,按照以下规则确定管辖法院:(一)调解组织所在地人民法院与名册所属人民法院一致的,由调解组织所在地人民法院管辖;(二)调解组织所在地人民法院与名册所属人民法院不一致的,由名册所属人民法院管辖。(三)调解组织同属多个人民法院名册的,各人民法院均有管辖权,由最先立案的人民法院管辖,但申请由中级人民法院或者专门人民法院确认的,应当符合级别管辖或者专门管辖标准。

——《最高人民法院关于印发〈民事诉讼程序繁简分流改革试点问答口径(二)〉的通知》(2020年10月23日,法〔2020〕272号)(节选)。

三、执行程序

18.涉嫌虚假诉讼案件中调解协议内容应符合基本要求

八、慎查调解协议,确保真实合法。当事人对诉讼标的无实质性争议,主动达成调解协议并申请人民法院出具调解书的,应当审查协议内容是否符合案件基本事实、是否违反法律规定、是否涉及案外人利益、是否规避国家政策。调解协议涉及确权内容的,应当在查明权利归属的基础上决定是否出具调解书。不能仅以当事人可自愿处分民事权益为由,降低对调解协议所涉法律关系真实性、合法性的审查标准,尤其要注重审查调解协议是否损害国家利益、社会公共利益或者他人合法权益。当事人诉前达成调解协议,申请司法确认的,应当着重审查调解协议是否存在违反法律、行政法规强制性规定、违背公序良俗或者侵害国家利益、社会公共利益、他人合法权益等情形;诉前调解协议内容涉及物权、知识产权确权的,应当裁定不予受理,已经受理的,应当裁定驳回申请。

——《最高人民法院关于深入开展虚假诉讼整治工作的意见》(2021年11月4日,法〔2021〕281号)(节选)。

16. 对于双方当事人申请确认调解协议的效力,可能存在虚假调解情形的,人民法院依照《民事诉讼法》第一百九十九条、《最高人民法院关于适用〈中华人民共和国民事诉讼法〉的解释》第三百五十六条、第三百五十八条等规定予以审查。

调解协议可能损害第三人利益的,人民法院要求当事人提供相关证据,必要时通知第三人到庭。当事人不能提供相关证据的,不予确认调解协议效力。

——《最高人民法院印发〈关于在民事诉讼中防范与惩治虚假诉讼工作指引(一)〉的通知》(2021年11月11日,法〔2021〕287号)(节选)。

19.国际商事专家委员调解应坚持不公开、各方自愿的原则

第二十条 专家委员主持调解,应当依照相关法律法规,遵守本规则以及《最高人民法院国际商事专家委员会工作规则(试行)》对调解的有关规定,在各方自愿的基础上,促成和解。

第二十一条 专家委员主持调解不公开进行。调解应当记录调解情况,当事人和调解员应当签署。

第二十二条 专家委员主持调解过程中,有下列情形之一的,应当终止调解:

(一)各方或者任何一方当事人书面要求终止调解程序;

(二)当事人在商定的调解期限内未能达成调解协议,但当事人一致同意延期的除外;

(三)专家委员无法履行、无法继续履行或者不适合履行调解职责且不能另行选定或者指定专家委员;

(四)其他情形。

——《最高人民法院办公厅关于印发〈最高人民法院国际商事法庭程序规则(试行)〉的通知》(2018年11月21日,法办发〔2018〕13号)(节选)。

20.国际商事专家委员主持调解的规则

第十一条 专家委员主持调解,应当依照相关法律法规,遵守本规则以及《最高人民法院国际商事法庭程序规则(试行)》对调解的有关规定,参照国际惯例、交易习惯,在各方自愿的基础上,根据公平、合理、保密的原则进行,促进当事人互谅互让,达成和解。

调解可以通过在线视频方式或者现场方式进行。

第十二条 根据《最高人民法院国际商事法庭程序规则(试行)》第二十二条终止调解时,专家委员应于终止调解后七个工作日内填妥《调解情况表》,连同案件相关材料,送交国际商事专家委员会办公室。国际商事专家委

员会办公室应于收到后三个工作日内将《调解情况表》及案件相关材料,送交国际商事法庭,并保留副本。

第十三条 经专家委员主持达成调解协议,并由国际商事法庭依照法律规定制发调解书或判决书的,国际商事法庭应在作出调解书或者判决书后三个工作日内,将调解书或者判决书副本送交国际商事专家委员会办公室备存。

国际商事专家委员会办公室应于收到调解书或者判决书后三个工作日内,向专家委员发送副本。

——《最高人民法院办公厅关于印发〈最高人民法院国际商事专家委员会工作规则(试行)〉的通知》(2018年11月21日,法办发〔2018〕14号)(节选)。

第二部分　司法解释

最高人民法院
关于人民调解协议司法确认程序的若干规定

法释〔2011〕5号

（2011年3月21日最高人民法院审判委员会第1515次会议通过　2011年3月23日最高人民法院公告公布　自2011年3月30日施行）

为了规范经人民调解委员会调解达成的民事调解协议的司法确认程序，进一步建立健全诉讼与非诉讼相衔接的矛盾纠纷解决机制，依照《中华人民共和国民事诉讼法》和《中华人民共和国人民调解法》的规定，结合审判实际，制定本规定。

第一条　当事人根据《中华人民共和国人民调解法》第三十三条的规定共同向人民法院申请确认调解协议的，人民法院应当依法受理。

第二条　当事人申请确认调解协议的，由主持调解的人民调解委员会所在地基层人民法院或者它派出的法庭管辖。

人民法院在立案前委派人民调解委员会调解并达成调解协议，当事人申请司法确认的，由委派的人民法院管辖。

第三条　当事人申请确认调解协议，应当向人民法院提交司法确认申请书、调解协议和身份证明、资格证明，以及与调解协议相关的财产权利证明等证明材料，并提供双方当事人的送达地址、电话号码等联系方式。委托他人代为申请的，必须向人民法院提交由委托人签名或者盖章的授权委托书。

第四条　人民法院收到当事人司法确认申请，应当在三日内决定是否受理。人民法院决定受理的，应当编立"调确字"案号，并及时向当事人送达受理通知书。双方当事人同时到法院申请司法确认的，人民法院可以当即受理并作出是否确认的决定。

有下列情形之一的，人民法院不予受理：

（一）不属于人民法院受理民事案件的范围或者不属于接受申请的人民法院管辖的；

（二）确认身份关系的；

（三）确认收养关系的；

（四）确认婚姻关系的。

第五条 人民法院应当自受理司法确认申请之日起十五日内作出是否确认的决定。因特殊情况需要延长的，经本院院长批准，可以延长十日。

在人民法院作出是否确认的决定前，一方或者双方当事人撤回司法确认申请的，人民法院应当准许。

第六条 人民法院受理司法确认申请后，应当指定一名审判人员对调解协议进行审查。人民法院在必要时可以通知双方当事人同时到场，当面询问当事人。当事人应当向人民法院如实陈述申请确认的调解协议的有关情况，保证提交的证明材料真实、合法。人民法院在审查中，认为当事人的陈述或者提供的证明材料不充分、不完备或者有疑义的，可以要求当事人补充陈述或者补充证明材料。当事人无正当理由未按时补充或者拒不接受询问的，可以按撤回司法确认申请处理。

第七条 具有下列情形之一的，人民法院不予确认调解协议效力：

（一）违反法律、行政法规强制性规定的；

（二）侵害国家利益、社会公共利益的；

（三）侵害案外人合法权益的；

（四）损害社会公序良俗的；

（五）内容不明确，无法确认的；

（六）其他不能进行司法确认的情形。

第八条 人民法院经审查认为调解协议符合确认条件的，应当作出确认决定书；决定不予确认调解协议效力的，应当作出不予确认决定书。

第九条 人民法院依法作出确认决定后，一方当事人拒绝履行或者未全部履行的，对方当事人可以向作出确认决定的人民法院申请强制执行。

第十条 案外人认为经人民法院确认的调解协议侵害其合法权益的,可以自知道或者应当知道权益被侵害之日起一年内,向作出确认决定的人民法院申请撤销确认决定。

第十一条 人民法院办理人民调解协议司法确认案件,不收取费用。

第十二条 人民法院可以将调解协议不予确认的情况定期或者不定期通报同级司法行政机关和相关人民调解委员会。

第十三条 经人民法院建立的调解员名册中的调解员调解达成协议后,当事人申请司法确认的,参照本规定办理。人民法院立案后委托他人调解达成的协议的司法确认,按照《最高人民法院关于人民法院民事调解工作若干问题的规定》(法释〔2004〕12号)的有关规定办理。

【导读及适用要点】

一、关于司法确认案件的管辖

为方便当事人就近、及时申请司法确认,本规定明确司法确认案件由主持调解的人民调解委员会所在地基层人民法院或者它派出的法庭管辖。人民法院在立案前委派人民调解委员会调解并达成调解协议,当事人申请司法确认的,由委派的人民法院管辖。在本规定起草过程中,有一种意见认为,应当允许当事人选择调解协议签订地、调解协议履行地、当事人住所地(包括任何一方申请人的住所地)人民法院管辖。实际上2009年《最高人民法院关于建立健全诉讼与非诉讼相衔接的矛盾纠纷解决机制的若干意见》(以下简称《矛盾纠纷解决机制若干意见》)采纳的就是这种观点,这样规定的好处是充分尊重了当事人的选择权。《矛盾纠纷解决机制若干意见》规定的可以申请司法确认的案件范围包括经行政机关、人民调解组织、商事调解组织、行业调解组织或者其他具有调解职能的组织调解达成的具有民事合同性质的协议,而本规定主要规范人民调解协议司法确认程序。人民调解委员会主要调解民间纠纷,多为婚姻家庭、继承纠纷、相邻关系纠纷,以及简单的民事合同、侵权责任纠纷,而且人民调解委员会与纠纷当事人之间联系密切,与当事人通常就在同一个村或者同一个街道。因此，就人民调解协议的司法确认管辖而言，没有必要规定若干个选择项供当事人选择。直接规定由调解委员会所在地的基层人民法院或其派出法庭管辖人民调解协议司法确认案件，不仅方便当事人申请确认，也方便人民法院开展必要的审查工作。

也有人担心，由于《人民调解法》没有规定人民调解委员会的地域管辖范围问题，有些当事人可能会利用法律的疏漏，达到损人利己的目的。如有的当事人可能会在远离房产所在地的地方进行调解，对房产权利问题达成协议，并就地申请司法确认，使法院在不全面了解案情的情况下，确认调解协议，达到损害其他人合法利益的目的。应当说，这种担心不无道理，但本规定没有就涉及不动产的司法确认案件是否应当参考《民事诉讼法》专属管辖规定予以明确。从目前人民调解工作情况看，大多数的当事人还是选择与纠纷有密切联系的人民调解委员会对案件进行调解。如果当事人通过调解损害了他人利益，应当承担相应的法律责任。人民法院在办理涉及不动产的司法确认案件的时候，应当要求当事人提供不动产财产权利证明等证明材料，并应当要求当事人提出选择异地调解的合理理由。

此外，本规定明确规定，人民法院在立案前委派人民调解委员会调解并达成调解协议，当事人申请司法确认的，由委派的人民法院管辖。人民法院在立案前可以委派人民调解委员会进行调解（有的法院还设有人民调解工作室），经该人民调解委员会调解达成协议后，当事人如果要申请司法确认，则应当向委派的人民法院提出。因为委派的人民法院在初次接触案件的时候，已经对案情有了初步了解，由其对调解协议进行审查确认，有利于提高效率。例如，一个中级法院将自己有一审案件管辖权的案件在立案前委派给人民调解委员会进行调解，达成调解协议后，如果当事人申请司法确认，就应当由该中级法院进行审查。需要明确的是，不是任何案件人民法院都可以在立案前委派调解。根据《矛盾纠纷解决机制若干意见》第十四条的规定，人民法院可以委派调解的案件是属于人民法院受理民事诉讼的范围和受诉人民法院管辖的案件。也就是说，对不属于中级法院管辖的案件，不能利用中级法院通过委派调解后再进行司法确认的方式规避级别管辖。

二、关于司法确认的申请及受理

根据《人民调解法》的规定，当事人在达成调解协议后，可以在30日内共同向人民法院申请司法确认。为便于人民法院审查，当事人申请确认调解协议，应当向人民法院提交司法确认申请书、调解协议和身份证明、资格证明，以及与调解协议相关的财产权利证明等证明材料，并提供双方当事人的送达地址、电话号码等联系方式。委托他人代为申请的，必须向人民法院提交由委托人签名或者盖章的授权委托书。当事人申请时，原则上应当提供调解协议书。如果当事人达成的是口头调解协议，则应当提供已经达成调解协议的有效证明，如人民调解委员会制作的调解工作记录。

人民法院收到当事人司法确认申请，应当在3日内决定是否受理。人民法院决定受理的，应当编立"调确字"案号，并及时向当事人送达受理通知书。双方当事人同时到法院申请司法确认的，人民法院可以当即受理并作出是否确认的决定。

三、关于人民法院受理司法确认案件的范围

本规定明确规定人民法院在四种情形下不受理司法确认申请：第一，不属于人民法院受理民事案件的范围或者不属于接受申请的人民法院管辖的；第二，确认身份关系的；第三，确认收养关系的；第四，确认婚姻关系的。

（一）人民法院不受理就非民事调解协议提出的司法确认申请

在起草本规定过程中，有一种观点提出，人民调解委员会对轻微刑事案件主持调解达成协议后，当事人也可以申请司法确认。其理由是人民调解委员会可以根据《人民调解法》调解民间纠纷。民间纠纷的范围广泛，包括了民事案件和部分轻微刑事案件。因此，可以申请确认的调解协议既包括民事调解协议，也应当包括就轻微刑事案件达成的人民调解协议，而且可以规定调解协议经确认后，当事人不得再提起自诉。本规定在序言中明确规定确认的调解协议范围为"民事调解协议"，原因有二：第一，人民调解委员会对民事纠纷的调解经验相对丰富一些，目前法院开展的司法确认工作也主要针对民事调解协议；第二，虽然有的人民调解委员会也对部分轻微刑事案件进行调解并取得了较好的效果，但这项工作尚处于初步探索阶段，还不够成熟；

第三，对民间纠纷内涵和外延的理解目前尚存争议。

本规定所指的"不属于接受申请的人民法院管辖"，不是《民事诉讼法》所规定的级别管辖和地域管辖，而是本规定所规定的管辖，即一般情况下是由人民调解委员会所在地的基层法院或其派出法庭管辖，但委派调解后申请确认的案件由委派的法院管辖。

（二）人民法院不受理确认身份关系、收养关系及婚姻关系的申请

身份关系、收养关系、婚姻关系是否存在以及是否需要解除，不仅对当事人本人，而且对整个社会的和谐稳定都具有重要影响，当事人应当慎重处理上述关系。如果确实需要对上述关系是否存在进行认定，确实需要解除上述关系，应当通过诉讼或者其他法定方式解决。以婚姻关系为例，如果当事人协议解除婚姻，可以到民政部门办理离婚手续。如果对离婚涉及的财产分割等问题有争议，可以通过诉讼方式解决。当事人在办理离婚手续后就财产纠纷达成人民调解协议的，可以申请司法确认。

四、关于司法确认案件的审查

关于司法确认案件的审查期限。人民法院应当自受理司法确认申请之日起15日内作出是否确认的决定。因特殊情况需要延长的，经本院院长批准，可以延长10日。在人民法院作出是否确认的决定前，一方或者双方当事人撤回司法确认申请的，人民法院应当准许。从各地法院目前审查确认案件情况看，审查确认案件一般只需要十几天时间，有的法院平均只需两天时间。为体现确认程序快捷特点，本规定规定了较短的审查时间。当然，如果存在一些比较复杂的情况，也可以适当延长。

关于司法确认案件的审查方式。本规定确立了书面审查与庭审相结合的审查原则。人民法院受理司法确认申请后，应当指定一名审判人员对调解协议进行审查。一般情况下，审判人员如果认为调解协议符合确认条件，可以在审查当事人申请、调解协议、有关证明材料基础上直接作出确认或者不予确认的决定。如果审判人员认为通过书面审查尚不能作出决定，可以通知双方当事人同时到场，当面询问当事人。当事人应当向人民法院如实陈述申请确认的调解协议的有关情况，保证提交的证明材料真实、合法。为避免人民法院确认不应当确认的调解协议，人民法院在审查中，认为当事人的陈述或

者提供的证明材料不充分、不完备或者有疑义的，可以要求当事人补充陈述或者补充证明材料。当事人无正当理由未按时补充或者拒不接受询问的，人民法院不能直接作出不予确认的决定。当事人这种不配合的状态，表明当事人不具有申请司法确认的真实意愿，人民法院可以按撤回司法确认申请处理。

人民法院在确认程序中应当对调解协议的内容进行审查，这种审查主要是对自愿性和合法性的审查。根据《矛盾纠纷解决机制若干意见》的规定，人民法院在审查后不予确认调解协议效力的情形主要有三大类：第一类为不予确认违反自愿原则的调解协议。根据《矛盾纠纷解决机制若干意见》的规定，因违背自愿原则而不予确认的情况主要包括当事人在违背真实意思的情况下签订调解协议、调解协议显失公正、调解组织、调解员与案件有利害关系的情况。第二类为不予确认违法达成的调解协议。《矛盾纠纷解决机制若干意见》规定的因违法而不予确认的情形具体包括违反法律、行政法规强制性规定的，侵害国家利益、社会公共利益的，侵害案外人合法权益的，涉及是否追究当事人刑事责任的，调解组织、调解员强迫调解或者有其他严重违反职业道德准则的行为的。第三类为不予确认内容不明确，无法确认和执行的调解协议。

本规定继续坚持了《矛盾纠纷解决机制若干意见》所体现的审查原则，即调解协议应当体现当事人的真实意愿并且不违反法律法规的强制性规定。此外，本规定还进一步明确损害社会公序良俗的调解协议不予确认。具体来讲，本规定明确有三大类人民调解协议不予确认：第一类为违法的协议，包括违反法律、行政法规强制性规定的协议，侵害国家利益、社会公共利益的协议，侵害案外人合法权益的协议。第二类为内容不明确的协议。确认调解协议的目的之一是使调解协议获得现实的强制执行力，强制执行的前提是执行的内容明确具体，如果不清楚需要执行的内容，确认调解协议也就没有多大意义了。第三类为损害社会公序良俗的协议。调解的特点是能够在非常广泛的范围内解决纠纷，不仅仅解决法律纠纷，也解决法律纠纷之外的纠纷。在审查确认调解协议的时候，如果仅仅考虑调解协议是否违法是不够的，还要看看调解协议对法律纠纷之外的问题的处理是否损害了社会公序良俗。

虽然本规定没有明确规定违反自愿原则的调解协议不予确认，但是当事人自愿是调解协议的应有之义。如果法院在审查过程中发现调解协议可能违背当事人真实意思，就应当认真探寻当事人的真实意愿，也可以在向当事人讲明司法确认的法律意义后，询问当事人是否撤回司法确认申请。

对不符合确认条件，具备本规定规定的不予确认的情形的，人民法院应当作出不予确认决定，而不宜直接确认无效。第一，当事人申请确认调解协议效力，并未申请确认其无效，法院直接确认无效，不符合司法被动性的要求；第二，未经当事人申请，法院就确认其无效，导致当事人不能就相关事项充分表达意见，其诉讼权利难以得到有效保障；第三，由人民法院直接确认无效，意味着法院需要进行更多的实体审查，将在司法确认程序中投入更多的司法资源，这与司法确认程序便捷的特点不符，不利于发挥司法确认程序的优势。

如果在确认程序中发现了部分不宜确认的情况，法官应当征询双方当事人意见。双方当事人同意部分确认的，可以仅就适宜确认的部分进行确认。当事人不同意部分确认的，应当作出不予确认的决定。

五、确认决定文书形式及效力

根据本规定，人民法院审查后可以作出两种决定文书，一是认为调解协议符合确认条件的，应当作出确认决定书；二是决定不予确认调解协议效力的，应当作出不予确认决定书。

关于确认决定的文书的形式，实践中主要有三种不同做法：一是决定书，二是确认书，三是调解书。支持用调解书的意见认为，这样无须改变现有司法统计体系，且民事调解书等同于判决书的效力具有相应法律依据，并且已为社会公众所熟知，更易被接受。但是，调解书不能反映司法确认程序的特点，也在一定程度上模糊了纠纷解决的过程。决定书具有灵活的特点，既可以作出确认决定书，也可以作出不确认决定书。反对者认为，根据《民事诉讼法》的规定，决定书仅仅适用于程序性事项，而司法确认中必然会涉及对调解协议内容进行实体审查，适用决定书显然是不合适的。

支持用确认书的观点认为，确认书符合司法确认程序的特点，很贴切。但是，确认书难以适用于不予确认的情况。

此外，也有一种观点建议，可以采用裁定书形式。理由是：第一，裁定书作为执行依据在各地法院的认同度较高，便于申请人实现实体权利；第二，在现行《民事诉讼法》框架下，存在的几种法律文书类型中，裁定书较判决、决定等其他文书来看，是较为适宜的。该裁定书可以比照具有强制执行效力的债权文书制作，在文书主文前附调解协议书并作为裁定书的组成部分。

应当说，决定书更符合现实需要。人民法院对拟予确认的，应当在决定书中明确对某某组织调解达成的协议内容进行确认，反映客观的纠纷解决过程，尊重调解组织的劳动成果。对不予确认的，应当在决定书中予以明确，简要说明不予确认的原因。

人民法院在作出决定前，向当事人说明确认决定或者不予确认决定的法律后果，有利于当事人充分了解确认程序的特点，从而更为慎重、谨慎，必要时可以撤回申请。这样也可以避免当事人以后后悔，避免埋下新的纠纷隐患。为此，最高法院在司法确认文书样式《受理通知书》中明确将此内容列入："如果本院依法确认调解协议有效，一方当事人拒绝履行或者未全部履行的，对方当事人可以向人民法院申请强制执行。如果本院决定不予确认调解协议效力，当事人可以通过人民调解方式变更原调解协议或者达成新的调解协议，也可以就相关纠纷向有管辖权的人民法院提起诉讼；当事人之间有仲裁协议的，可以向仲裁机构申请仲裁。"

对确认决定当事人不能上诉。这种方式的合理性在于：第一，当事人自愿共同申请确认，没有争议，没有必要在法院予以确认后设置上诉程序；第二，有利于体现确认程序便捷特点。确认程序的核心价值之一是赋予调解协议强制执行力，因此，人民法院依法确认调解协议有效后，当事人就应当全部履行调解协议，否则对方当事人可以申请强制执行。

对于不予确认决定，本规定也没有给出上诉的救济途径。原因有二：一是当事人可以再次通过调解、诉讼等途径解决纠纷，其诉讼权利行使没有受到阻碍；二是体现确认程序便捷特点。

六、案外人权利救济

根据本规定，案外人认为经人民法院确认的调解协议侵害其合法权益的，可以自知道或者应当知道权益被侵害之日起一年内，向作出确认决定的人民法院申请撤销确认决定。

允许案外人申请撤销确认决定有以下考虑：第一，司法确认程序中虽然有些环节有利于避免人民法院确认侵害案外人利益的调解协议，但由于司法确认程序本身比较快捷，没有设计由法院通知案外人参与审查程序的环节，案外人在确认程序中一般没有机会表达意见，维护权利，其权利保障力度相对较弱。在此情况下，应该对案外人权利救济设置较低的门槛。第二，基于第一点理由，不宜选择审判监督程序，因为启动审判监督程序的难度相对较大，而且再审程序一般仍用作出原生效法律文书的程序，而司法确认程序中当事人之间没有争议，司法确认程序显然不满足审理调解协议当事人与案外人利益争执的程序需求。第三，法国设置了第三人撤销诉讼制度，为我们提供了有益借鉴。

七、关于人民法院建立的调解员名册中的调解员调解达成协议后的司法确认问题

这几年，基层人民法院及人民法庭积极聘请乡村、社区一些德高望重、热心服务、能力较强的人民群众担任司法调解员，或邀请人民调解员、司法行政部门、行业组织等协助化解社会矛盾纠纷，取得了良好效果。在有的法院，由退休法官、检察官、警官、人民陪审员、高校教师、律师、街道人民调解员、行业专业人士组成的司法调解员队伍在诉前调解的案件达到了法院民商事案件的五分之一，而且纠纷调处周期仅为几天，及时有效化解了矛盾纠纷。这些调解人员素质高，与人民群众联系密切，由他们主持调解，能够保障调解的高质量，能够赢得人民群众的广泛认同。有的法院还设立了诉调对接中心，邀请政府信访部门、法律援助中心、交警支队、人民调解委员会、消费者协会、工会、妇联等单位派代表进入诉调对接中心，形成了整体联动解决矛盾纠纷的格局。顺应形势发展需要，《矛盾纠纷解决机制若干意见》规定有条件的地方人民法院可以按照一定标准建立调解组织名册和调解员名册。

为鼓励各地法院发展完善调解员名册制度，将本院的一些工作人员以及聘请的其他人员纳入名册进行管理，并鼓励当事人选择名册中的调解员调解纠纷，本规定明确规定，经人民法院建立的调解员名册中的调解员调解达成协议后，当事人申请司法确认的，参照本规定办理。当然，这是立案前当事人选择调解员名册中的调解员调解后申请司法确认的情况。如果在立案后当事人选择了名册中的调解员调解案件，并且希望法院确认调解协议，则可以申请法院制作调解书。此时法院应当按照《最高人民法院关于人民法院民事调解工作若干问题的规定》（法释〔2004〕12号）的有关规定办理。

经行政机关、商事调解组织、行业调解组织、其他具有调解职能的组织调解达成协议后，当事人向人民法院申请司法确认案件的办理。

本规定主要规定了人民调解协议的司法确认问题，但这并不意味着经行政机关、商事调解组织、行业调解组织、其他具有调解职能的组织调解达成协议后，当事人不能申请司法确认。《矛盾纠纷解决机制若干意见》第二十条规定，经行政机关、人民调解组织、商事调解组织、行业调解组织或者其他具有调解职能的组织调解达成的具有民事合同性质的协议，经调解组织和调解员签字盖章后，当事人可以申请有管辖权的人民法院确认其效力。如果当事人就上述协议申请司法确认，人民法院在适用《矛盾纠纷解决机制若干意见》的基础上，可以参照本规定。对于一些特有的程序问题，可以在总结经验的基础上继续完善。

八、本规定的特点

本规定是最高人民法院在推动建立健全诉讼与非诉讼相衔接的矛盾纠纷解决机制过程中取得的又一阶段性成果。本规定内容具有以下鲜明特点：

（一）便民

本规定在三个方面体现了便民的特点：（1）当事人在达成调解协议后，如果认为有必要进行司法确认，可以就近申请确认。人民法庭与人民调解组织联系密切，地理位置也更近，当事人如果选择到人民法庭申请确认，人民法庭应当依法及时受理并审查。（2）要求人民法院尽可能减少当事人往返法院的次数，在受理的时候，具备确认条件的，可以当场作出确认决定。当事人同时到法院的，如果条件成熟，法院应当立即予以审查确认。即使不能当即作出是否确认的决定，法院也应尽量当即决定是否受理，尽量减少当事人往返法院的次数。（3）不收取当事人费用。

（二）快捷

人民法院受理司法确认案件时的审查期限不超过3日，受理后的审查期限也比较短。为了在较短的时间内完成确认工作，当事人应当积极配合人民法院，按照要求及时提交有关材料，如司法确认申请书、调解协议和身份证明、资格证明,以及与调解协议相关的财产权利证明等证明材料,并提供双方当事人的送达地址、电话号码等联系方式。委托他人代为申请的,必须向人民法院提交由委托人签名或者盖章的授权委托书。

(三)严谨

1. 当事人要在申请书中承诺:申请人出于解决纠纷的目的自愿达成协议,没有恶意串通、规避法律的行为;如果因为该协议内容而给他人造成损害,愿意承担相应的民事责任和其他法律责任。

2. 人民法院在必要时可以通知双方当事人同时到场,当面询问当事人。法官当面询问当事人,有利于防止当事人恶意申请确认。为避免确认的调解协议损害国家利益、社会公共利益和他人合法权益,人民法院可以在必要时要求当事人提交相关证明材料。当事人不提供的,应当承担相应后果。在审查之后,人民法院认为有本规定第七条所列六种情形之一的,将不予确认调解协议的效力。这些规定都有利于维护司法确认程序的严肃性。

本规定的出台,进一步明确和细化了司法确认案件的程序问题,进一步明确了确认的条件和范围,有利于维护国家和社会公共利益、当事人及案外人的合法权益。通过规范对调解协议的审查与确认方式,有利于鼓励当事人选择人民调解途径化解矛盾纠纷,进一步发挥人民调解在化解矛盾纠纷、维护社会和谐稳定中的积极作用,对于进一步健全诉讼与非诉讼相衔接的矛盾纠纷解决机制必将产生重要影响。

司法确认程序是一项新的程序,实践经验不足,理论研究也不够。本规定虽然提出了一些具体的程序操作要求,但仍需要根据实践中发现的问题和实践经验的总结,及时地对此程序予以发展完善,并及时上升为立法规范,从而更大程度地促进诉讼与非诉讼相衔接纠纷解决机制效能的发挥。

(撰稿人:卫彦明 蒋惠岭 向国慧)

最高人民法院
关于人民法院特邀调解的规定

法释〔2016〕14号

（2016年5月23日最高人民法院审判委员会第1684次会议通过 2016年6月28日最高人民法院公告公布 自2016年7月1日起施行）

为健全多元化纠纷解决机制，加强诉讼与非诉讼纠纷解决方式的有效衔接，规范人民法院特邀调解工作，维护当事人合法权益，根据《中华人民共和国民事诉讼法》《中华人民共和国人民调解法》等法律及相关司法解释，结合人民法院工作实际，制定本规定。

第一条 特邀调解是指人民法院吸纳符合条件的人民调解、行政调解、商事调解、行业调解等调解组织或者个人成为特邀调解组织或者特邀调解员，接受人民法院立案前委派或者立案后委托依法进行调解，促使当事人在平等协商基础上达成调解协议、解决纠纷的一种调解活动。

第二条 特邀调解应当遵循以下原则：

（一）当事人平等自愿；

（二）尊重当事人诉讼权利；

（三）不违反法律、法规的禁止性规定；

（四）不损害国家利益、社会公共利益和他人合法权益；

（五）调解过程和调解协议内容不公开，但是法律另有规定的除外。

第三条 人民法院在特邀调解工作中，承担以下职责：

（一）对适宜调解的纠纷，指导当事人选择名册中的调解组织或者调解员先行调解；

（二）指导特邀调解组织和特邀调解员开展工作；

（三）管理特邀调解案件流程并统计相关数据；

（四）提供必要场所、办公设施等相关服务；

（五）组织特邀调解员进行业务培训；

（六）组织开展特邀调解业绩评估工作；

（七）承担其他与特邀调解有关的工作。

第四条 人民法院应当指定诉讼服务中心等部门具体负责指导特邀调解工作，并配备熟悉调解业务的工作人员。

人民法庭根据需要开展特邀调解工作。

第五条 人民法院开展特邀调解工作应当建立特邀调解组织和特邀调解员名册。建立名册的法院应当为入册的特邀调解组织或者特邀调解员颁发证书，并对名册进行管理。上级法院建立的名册，下级法院可以使用。

第六条 依法成立的人民调解、行政调解、商事调解、行业调解及其他具有调解职能的组织，可以申请加入特邀调解组织名册。品行良好、公道正派、热心调解工作并具有一定沟通协调能力的个人可以申请加入特邀调解员名册。

人民法院可以邀请符合条件的调解组织加入特邀调解组织名册，可以邀请人大代表、政协委员、人民陪审员、专家学者、律师、仲裁员、退休法律工作者等符合条件的个人加入特邀调解员名册。

特邀调解组织应当推荐本组织中适合从事特邀调解工作的调解员加入名册，并在名册中列明；在名册中列明的调解员，视为人民法院特邀调解员。

第七条 特邀调解员在入册前和任职期间，应当接受人民法院组织的业务培训。

第八条 人民法院应当在诉讼服务中心等场所提供特邀调解组织和特邀调解员名册，并在法院公示栏、官方网站等平台公开名册信息，方便当事人查询。

第九条 人民法院可以设立家事、交通事故、医疗纠纷等专业调解委员会，并根据特定专业领域的纠纷特点，设定专业调解委员会的入册条件，规范专业领域特邀调解程序。

第十条 人民法院应当建立特邀调解组织和特邀调解员业绩档案，定期组织开展特邀调解评估工作，并及时更新名册信息。

第十一条 对适宜调解的纠纷，登记立案前，人民法院可以经当事人同意委派给特邀调解组织或者特邀调解员进行调解；登记立案后或者在审理过程中，可以委托给特邀调解组织或者特邀调解员进行调解。

当事人申请调解的,应当以口头或者书面方式向人民法院提出;当事人口头提出的,人民法院应当记入笔录。

第十二条 双方当事人应当在名册中协商确定特邀调解员;协商不成的,由特邀调解组织或者人民法院指定。当事人不同意指定的,视为不同意调解。

第十三条 特邀调解一般由一名调解员进行。对于重大、疑难、复杂或者当事人要求由两名以上调解员共同调解的案件,可以由两名以上调解员调解,并由特邀调解组织或者人民法院指定一名调解员主持。当事人有正当理由的,可以申请更换特邀调解员。

第十四条 调解一般应当在人民法院或者调解组织所在地进行,双方当事人也可以在征得人民法院同意的情况下选择其他地点进行调解。

特邀调解组织或者特邀调解员接受委派或者委托调解后,应当将调解时间、地点等相关事项及时通知双方当事人,也可以通知与纠纷有利害关系的案外人参加调解。

调解程序开始之前,特邀调解员应当告知双方当事人权利义务、调解规则、调解程序、调解协议效力、司法确认申请等事项。

第十五条 特邀调解员有下列情形之一的,当事人有权申请回避:

(一)是一方当事人或者其代理人近亲属的;

(二)与纠纷有利害关系的;

(三)与纠纷当事人、代理人有其他关系,可能影响公正调解的。

特邀调解员有上述情形的,应当自行回避;但是双方当事人同意由该调解员调解的除外。

特邀调解员的回避由特邀调解组织或者人民法院决定。

第十六条 特邀调解员不得在后续的诉讼程序中担任该案的人民陪审员、诉讼代理人、证人、鉴定人以及翻译人员等。

第十七条 特邀调解员应当根据案件具体情况采用适当的方法进行调解,可以提出解决争议的方案建议。特邀调解员为促成当事人达成调解协议,可以邀请对达成调解协议有帮助的人员参与调解。

第十八条 特邀调解员发现双方当事人存在虚假调解可能的,应当中止调解,并向人民法院或者特邀调解组织报告。

人民法院或者特邀调解组织接到报告后,应当及时审查,并依据相关规定作出处理。

第十九条　委派调解达成调解协议，特邀调解员应当将调解协议送达双方当事人，并提交人民法院备案。

委派调解达成的调解协议，当事人可以依照民事诉讼法、人民调解法等法律申请司法确认。当事人申请司法确认的，由调解组织所在地或者委派调解的基层人民法院管辖。

第二十条　委托调解达成调解协议，特邀调解员应当向人民法院提交调解协议，由人民法院审查并制作调解书结案。达成调解协议后，当事人申请撤诉的，人民法院应当依法作出裁定。

第二十一条　委派调解未达成调解协议的，特邀调解员应当将当事人的起诉状等材料移送人民法院；当事人坚持诉讼的，人民法院应当依法登记立案。

委托调解未达成调解协议的，转入审判程序审理。

第二十二条　在调解过程中，当事人为达成调解协议作出妥协而认可的事实，不得在诉讼程序中作为对其不利的根据，但是当事人均同意的除外。

第二十三条　经特邀调解组织或者特邀调解员调解达成调解协议的，可以制作调解协议书。当事人认为无需制作调解协议书的，可以采取口头协议方式，特邀调解员应当记录协议内容。

第二十四条　调解协议书应当记载以下内容：

（一）当事人的基本情况；

（二）纠纷的主要事实、争议事项；

（三）调解结果。

双方当事人和特邀调解员应当在调解协议书或者调解笔录上签名、盖章或者捺印；由特邀调解组织主持达成调解协议的，还应当加盖调解组织印章。

委派调解达成调解协议，自双方当事人签名、盖章或者捺印后生效。委托调解达成调解协议，根据相关法律规定确定生效时间。

第二十五条　委派调解达成调解协议后，当事人就调解协议的履行或者调解协议的内容发生争议的，可以向人民法院提起诉讼，人民法院应当受理。一方当事人以原纠纷向人民法院起诉，对方当事人以调解协议提出抗辩的，应当提供调解协议书。

经司法确认的调解协议，一方当事人拒绝履行或者未全部履行的，对方当事人可以向人民法院申请执行。

第二十六条 有下列情形之一的，特邀调解员应当终止调解：

（一）当事人达成调解协议的；

（二）一方当事人撤回调解请求或者明确表示不接受调解的；

（三）特邀调解员认为双方分歧较大且难以达成调解协议的；

（四）其他导致调解难以进行的情形。

特邀调解员终止调解的，应当向委派、委托的人民法院书面报告，并移送相关材料。

第二十七条 人民法院委派调解的案件，调解期限为30日。但是双方当事人同意延长调解期限的，不受此限。

人民法院委托调解的案件，适用普通程序的调解期限为15日，适用简易程序的调解期限为7日。但是双方当事人同意延长调解期限的，不受此限。延长的调解期限不计入审理期限。

委派调解和委托调解的期限自特邀调解组织或者特邀调解员签字接收法院移交材料之日起计算。

第二十八条 特邀调解员不得有下列行为：

（一）强迫调解；

（二）违法调解；

（三）接受当事人请托或收受财物；

（四）泄露调解过程或调解协议内容；

（五）其他违反调解员职业道德的行为。

当事人发现存在上述情形的，可以向人民法院投诉。经审查属实的，人民法院应当予以纠正并作出警告、通报、除名等相应处理。

第二十九条 人民法院应当根据实际情况向特邀调解员发放误工、交通等补贴，对表现突出的特邀调解组织和特邀调解员给予物质或者荣誉奖励。补贴经费应当纳入人民法院专项预算。

人民法院可以根据有关规定向有关部门申请特邀调解专项经费。

第三十条 本规定自2016年7月1日起施行。

【导读及适用要点】

一、法院应当如何开展特邀调解工作

为发挥特邀调解组织与特邀调解员解决纠纷的能力与作用，法院应当积极发挥在多元化纠纷解决机制中的引领、推动、保障作用。但是在履行职责的同时，也要注重把握好度，保障编外调解组织与调解员在解纷方面的独立性。具体而言，法院应当从以下方面组织好特邀调解工作：

一是指定部门与人员负责。为保障特邀调解工作落到实处，法院应当指定诉讼服务中心等部门负责特邀调解工作，并配备熟悉调解业务的工作人员，抓好工作落实。对于人民法庭，《最高人民法院关于进一步加强新形势下人民法庭工作的若干意见》规定，对于经济发达、交通便利地区的人民法庭，可以通过基层人民法院统一立案的方式加强案件流程管理；对于山区、牧区、林区、边远地区等交通不便地区的人民法庭，要加强和完善人民法庭直接立案工作机制，并通过远程立案等技术手段，着力解决当事人立案难问题。人民法庭开展诉讼服务的模式不一，人民法庭可以根据需要自行开展或依托本院诉讼服务中心开展特邀调解工作。

二是建立特邀调解组织和特邀调解员名册。法院开展特邀调解工作应当建立名册，将纠纷交给名册内的调解组织与调解员进行调解。建立名册的法院应当对特邀调解组织和特邀调解员颁发证书，并对名册进行管理。高级、中级和基层人民法院均可以建立名册，对于高级、中级法院建立的名册，辖区内所有法院都可以选择使用。

三是对特邀调解主体进行指导与服务。对特邀调解主体的指导应当体现在具体调解程序之外。法院应当在提高调解员素质方面下功夫，做好培训工作，帮助调解员提高调解技能。法院还可以通过接受特邀调解员的咨询、定期开展经验交流活动等多种方式，对特邀调解组织和特邀调解员的调解活动进行指导。法院应当为特邀调解提供必要的场所、办公设施，尽可能满足特邀调解员的合理需求。

四是对特邀调解纠纷进行流程管理。具体体现当事人诉至法院时，法院

需要甄别出适宜调解的纠纷，指导当事人选择名册中的调解组织或者调解员进行调解；在纠纷进入特邀调解后，管理特邀调解案件流程并统计相关数据，完善登记、流转等相关制度，跟踪委派、委托案件的进展情况。

五是组织开展特邀调解的业绩评估工作。法院应当建立特邀调解组织和特邀调解员业绩档案，组织对特邀调解组织和特邀调解员的评估工作，为特邀调解组织与特邀调解员开展工作提供必要的补贴。人民法院应当根据实际情况向特邀调解员发放误工、交通等补贴，对表现突出的特邀调解组织和特邀调解员给予物质或者荣誉奖励。

二、特邀调解组织和特邀调解员的入册条件及义务

名册制度是对特邀调解组织、特邀调解员进行规范化管理的基本制度。《最高人民法院关于人民法院特邀调解的规定》（以下简称《特邀调解规定》）要求，人民法院开展特邀调解工作应当建立特邀调解组织和特邀调解员名册，从而将名册制度作为基础制度确定下来。

特邀调解组织和特邀调解员名册是开放性的。名册没有名额限制，入册条件设置得也较为宽松。只要是依法成立人民调解、行政调解、商事调解、行业调解及其他具有调解职能的组织，就符合特邀调解组织条件。对于普通个人而言，只要品行良好、公道正派、热心调解工作，即可成为人民法院特邀调解员。调解组织和个人入册方式也较为灵活简便，主要是两种方式：申请和邀请。调解组织和个人可以向人民法院提出申请，通过填写表格，向法院提交相关材料，即可完成申请。人民法院也可以根据向特定的调解组织，或者向人大代表、政协委员、人民陪审员、专家学者、律师、仲裁员、退休法律工作者等个人，发出邀请。法院对调解组织与个人提交的材料采取审核制，对符合条件的调解组织与个人，应当列入名册。需要指出的是，对于特邀调解组织名册，不仅应当列明特邀调解组织名单，还应当列明特邀调解组织中的调解员名单。特邀调解组织应当推荐适宜做特邀调解工作的调解员列入名册。在特邀调解名册中列明的调解员，视为人民法院特邀调解员。

为保障特邀调解质量，维护当事人合法权益，《特邀调解规定》对特邀调解组织和特邀调解员的义务作出规定：

一是在入册前与任职期间，应当接受人民法院组织的业务培训。培训是

提高调解员调解技能的首要途径。培训由法院组织，法院也可以委托给培训组织或机构进行。二是调解员在调解过程中，应当注意对虚假调解与虚假诉讼的审查，发现双方当事人存在虚假调解可能的，应当中止调解，并向人民法院或者特邀调解组织报告。人民法院或者特邀调解组织接到报告后，应当及时审查，并依据相关规定作出处理。三是调解员应当遵守禁止行为规定。特邀调解员在调解过程中不得强迫调解、违法调解，不得接受当事人请托或收受财物，不得泄露调解过程或调解协议内容，以及不得有其他违反调解员职业道德的行为。当事人发现存在上述情形的，可以向人民法院投诉。经审查属实的，人民法院应当予以纠正并作出警告、通报、除名等相应处理。

三、特邀调解的程序

《特邀调解规定》对特邀调解各阶段的具体程序作出规定，主要包括以下方面的内容：

一是法院需要对特邀调解进行引导。纠纷是否适宜调解，应当由负责特邀调解的法官进行甄别，根据先行调解原则，指导当事人选择调解组织或者调解员进行调解。登记立案前，法院工作人员在征得当事人同意后，可以将纠纷委派给特邀调解组织和特邀调解员进行调解。在登记立案后，或者案件审理过程中，对当事人同意调解的，也可以委托给特邀调解组织或者特邀调解员进行调解。法院负责特邀调解的部门应当指导当事人选择调解组织或者调解员，做好相关材料的移交工作。

二是调解员在调解过程中应当遵循一定的规则，履行通知告知义务，根据情况确定合适的调解方法。调解员应当向当事人履行通知与告知义务。特邀调解员应当将调解时间、地点等相关事项及时通知双方当事人，也可以通知与纠纷有利害关系的案外人参加调解。调解程序开始之前，特邀调解员应当告知双方当事人权利义务、调解规则、调解程序、调解协议效力、司法确认申请等事项。特邀调解员应当根据案件具体情况采用适当的方法进行调解。法院应当对调解员进行调解技巧的培训，帮助调解员掌握具体调解方法，并根据案件具体情况确定调解方法。调解员可以提出解决争议的方案建议，供当事人参考。特邀调解员为促成当事人达成调解协议，还可以邀请对达成调解协议有帮助的人员参与调解。

三是调解终止后,调解组织或调解员应当与法院进行工作交接。委派调解达成调解协议,特邀调解员应当将调解协议提交人民法院备案。当事人依照《民事诉讼法》《人民调解法》等法律规定申请司法确认的,人民法院应依法受理。委托调解达成调解协议的,特邀调解员应当向人民法院提交调解协议,由人民法院审查并制作调解书结案。达成调解协议后,当事人申请撤诉的,人民法院应当依法作出裁定。委派调解未达成协议的,调解员应当将当事人的起诉状等材料移送人民法院;当事人坚持诉讼的,人民法院应当依法登记立案。委托调解未达成协议的,人民法院应当及时转入审判程序审理。调解未达成协议转入审判程序的,还应当注意调解员角色冲突与证据限制的问题。特邀调解员不得在后续的诉讼程序中担任该案的人民陪审员、诉讼代理人、证人、鉴定人以及翻译人员。在调解过程中,当事人为达成调解协议作出的妥协或承认,不得在诉讼程序中作为对其不利的根据,但是当事人均同意的除外。

四是特邀调解的调解期限。特邀调解不宜久调不决,《特邀调解规定》对调解期限作出具体规定。委派调解是在征得当事人同意的基础上进行的,法院根据各地实际情况,将调解期限规定为30日。同时,法院尊重当事人的处分权利,对当事人协商延长调解期限的,可以延长。对于委托调解,根据《最高人民法院关于人民法院民事调解工作若干问题的规定》的相关规定,将期限规定为适用普通程序的调解期限为15日,适用简易程序的期限为7日。当事人同意延长调解期限的,可以协商延长。延长的调解期限不计入审理期限。

(撰稿人:胡仕浩 柴靖静)

最高人民法院
关于人民法院民事调解工作若干问题的规定*

（2004年8月18日最高人民法院审判委员会第1321次会议通过 根据2020年12月23日最高人民法院审判委员会第1823次会议通过的《最高人民法院关于修改〈最高人民法院关于人民法院民事调解工作若干问题的规定〉等十九件民事诉讼类司法解释的决定》修正）

为了保证人民法院正确调解民事案件，及时解决纠纷，保障和方便当事人依法行使诉讼权利，节约司法资源，根据《中华人民共和国民事诉讼法》等法律的规定，结合人民法院调解工作的经验和实际情况，制定本规定。

第一条 根据民事诉讼法第九十五条①的规定，人民法院可以邀请与当事人有特定关系或者与案件有一定联系的企业事业单位、社会团体或者其他组织，和具有专门知识、特定社会经验、与当事人有特定关系并有利于促成调解的个人协助调解工作。

经各方当事人同意，人民法院可以委托前款规定的单位或者个人对案件进行调解，达成调解协议后，人民法院应当依法予以确认。

第二条 当事人在诉讼过程中自行达成和解协议的，人民法院可以根据当事人的申请依法确认和解协议制作调解书。双方当事人申请庭外和解的期间，不计入审限。

当事人在和解过程中申请人民法院对和解活动进行协调的，人民法院可以委派审判辅助人员或者邀请、委托有关单位和个人从事协调活动。

---

* 一、最高人民法院于2004年9月16日公布本规定，法释〔2004〕12号，自2004年11月1日起施行。

最高人民法院于2020年12月29日公布《最高人民法院关于修改〈最高人民法院关于人民法院民事调解工作若干问题的规定〉等十九件民事诉讼类司法解释的决定》修正本规定，法释〔2020〕20号，该修正自2021年1月1日起施行。

二、本规定引用的《中华人民共和国民事诉讼法》已于2023年9月1日第5次修正。

① 现为《民事诉讼法》（2023年修正）第九十八条。

第三条　人民法院应当在调解前告知当事人主持调解人员和书记员姓名以及是否申请回避等有关诉讼权利和诉讼义务。

第四条　在答辩期满前人民法院对案件进行调解，适用普通程序的案件在当事人同意调解之日起15天内，适用简易程序的案件在当事人同意调解之日起7天内未达成调解协议的，经各方当事人同意，可以继续调解。延长的调解期间不计入审限。

第五条　当事人申请不公开进行调解的，人民法院应当准许。

调解时当事人各方应当同时在场，根据需要也可以对当事人分别作调解工作。

第六条　当事人可以自行提出调解方案，主持调解的人员也可以提出调解方案供当事人协商时参考。

第七条　调解协议内容超出诉讼请求的，人民法院可以准许。

第八条　人民法院对于调解协议约定一方不履行协议应当承担民事责任的，应予准许。

调解协议约定一方不履行协议，另一方可以请求人民法院对案件作出裁判的条款，人民法院不予准许。

第九条　调解协议约定一方提供担保或者案外人同意为当事人提供担保的，人民法院应当准许。

案外人提供担保的，人民法院制作调解书应当列明担保人，并将调解书送交担保人。担保人不签收调解书的，不影响调解书生效。

当事人或者案外人提供的担保符合民法典规定的条件时生效。

第十条　调解协议具有下列情形之一的，人民法院不予确认：

（一）侵害国家利益、社会公共利益的；

（二）侵害案外人利益的；

（三）违背当事人真实意思的；

（四）违反法律、行政法规禁止性规定的。

第十一条　当事人不能对诉讼费用如何承担达成协议的，不影响调解协议的效力。人民法院可以直接决定当事人承担诉讼费用的比例，并将决定记入调解书。

第十二条　对调解书的内容既不享有权利又不承担义务的当事人不签收

调解书的,不影响调解书的效力。

第十三条 当事人以民事调解书与调解协议的原意不一致为由提出异议,人民法院审查后认为异议成立的,应当根据调解协议裁定补正民事调解书的相关内容。

第十四条 当事人就部分诉讼请求达成调解协议的,人民法院可以就此先行确认并制作调解书。

当事人就主要诉讼请求达成调解协议,请求人民法院对未达成协议的诉讼请求提出处理意见并表示接受该处理结果的,人民法院的处理意见是调解协议的一部分内容,制作调解书的记入调解书。

第十五条 调解书确定的担保条款条件或者承担民事责任的条件成就时,当事人申请执行的,人民法院应当依法执行。

不履行调解协议的当事人按照前款规定承担了调解书确定的民事责任后,对方当事人又要求其承担民事诉讼法第二百五十三条[①]规定的迟延履行责任的,人民法院不予支持。

第十六条 调解书约定给付特定标的物的,调解协议达成前该物上已经存在的第三人的物权和优先权不受影响。第三人在执行过程中对执行标的物提出异议的,应当按照民事诉讼法第二百二十七条[②]规定处理。

第十七条 人民法院对刑事附带民事诉讼案件进行调解,依照本规定执行。

第十八条 本规定实施前人民法院已经受理的案件,在本规定施行后尚未审结的,依照本规定执行。

第十九条 本规定实施前最高人民法院的有关司法解释与本规定不一致的,适用本规定。

第二十条 本规定自 2004 年 11 月 1 日起实施。

[①] 现为《民事诉讼法》(2023 年修正)第二百六十四条。
[②] 现为《民事诉讼法》(2023 年修正)第二百三十八条。

【导读及适用要点】

一、原则

（一）调解自愿原则

本规定重点突出了调解自愿原则，明确规定了当事人有启动调解、调解的方式、调解协议达成、调解协议内容、调解书签收等方面的选择自由，为诉讼调解中自愿原则落实提供了更完善的程序保障。本规定从两方面对调解自愿设定了限制：一是规定了法院可以依职权启动对民事案件的调解工作，将调解作为这些案件的必经程序，以尽可能地维护家庭和社会的稳定。但法院依职权启动调解受严格的限定，必须严格保护当事人的诉讼权利。二是规定了不得调解的案件范围，对涉及国家利益、社会公共利益、案外第三人利益的案件，排除调解程序的适用，以避免损害国家利益、社会利益和他人的合法权益。例如，本规定第五条①规定："人民法院应当在调解前告知当事人主持调解人员和书记员姓名以及是否申请回避等有关诉讼权利和诉讼义务"，切实保护当事人在调解过程中的诉讼权利。

（二）调解合法原则

调解合法性要求有程序合法与实体合法两个方面。程序合法就是指调解活动要符合法律规定，遵从法定的程序。调解由法院主持，因此法官应当依其职权保证调解不违反法定程序，为当事人达成解决纠纷的协议提供正当的机会并保障这种自由。调解的实体合法就是指调解协议合法。调解协议的合法体现在其内容的公正性和不违反法律、行政法规禁止性两方面要求。公正性是对当事人之间利益安排来说的，如果当事人认为调解协议的内容不符合自己的真实利益需求，就会对调解结果持否定性评价，也不会接受调解的结果，因为它是不公正的，法院调解工作的正当性就会受到怀疑。调解协议不违反法律、行政法规禁止性规定，就是要求调解协议的内容不得侵犯国家利益、社会利益和他人的合法权益，还要符合法律其他的强制性规定。本规定

---

① 现为《最高人民法院关于人民法院民事调解工作若干问题的规定》（2020年修正）第三条。

强调了调解要依法定程序展开，法官在程序上保障当事人自由地缔结调解协议以维护调解协议的公正性，还要求法官负责对调解协议是否违反法律的禁止性规定，尤其是损害他人合法利益之情形进行审查，对调解协议的合法性给予确认。

（三）调解保密原则

调解的一贯要求是要消除当事人的一切后顾之忧，为调解成功创造良好的条件。调解当事人主要通过谈判协商来解决争议，往往涉及各自的商业秘密和个人隐私，即使不构成商业秘密和个人隐私的一些情况，当事人通常也不愿意对外公开。实践也证明，适用公开方式进行调解，当事人达成协议的机会很低。其他一些国家的司法实践中，也非常重视采取多种措施来保障调解活动的符合私密性要求，一般调解活动不公开，与调解有关的全部事项包括调解协议也多不对外公开。因此，本规定明确规定了调解活动一般不公开进行，当事人可以在调解协议中订立保密条款以保证其秘密或者隐私不被公开。例如，本规定第七条①第一款就是对调解保密性要求的规定。

（四）调解灵活原则

调解灵活原则是指调解活动在法律规定的程序范围内按照当事人处分原则可以灵活安排。调解活动本身是非强制的，因此创造一个和谐、信任、宽松的气氛有利于调解的成功。本规定对调解启动的时间、调解的方式、调解的地点、主持调解的人员、调解协议生效的方式、是否制作调解书等规定了当事人可以自由选择。如本规定第七条第二款规定："调解时当事人各方应当同时在场，根据需要也可以对当事人分别作调解工作。"当事人自行决定是采用背对背式还是面对面式进行调解。再如第九条②对当事人调解达成的协议内容超出诉讼请求的情况规定，人民法院是可以准许的，这不同于裁判必须以当事人的诉讼请求为限度，但有利于促成当事人就与纠纷相关事项一并解决，化解矛盾达成协议。本规定第十条③规定了当事人可以在调解协议中约定一方不履行调解协议由其承担民事责任，第十一条④规定了当事人可以在订立调解

---

① 现为《最高人民法院关于人民法院民事调解工作若干问题的规定》（2020年修正）第五条。
② 现为《最高人民法院关于人民法院民事调解工作若干问题的规定》（2020年修正）第七条。
③ 现为《最高人民法院关于人民法院民事调解工作若干问题的规定》（2020年修正）第八条。
④ 现为《最高人民法院关于人民法院民事调解工作若干问题的规定》（2020年修正）第九条。

协议时为调解协议的履行设定担保，这些都是对调解协议履行激励性机制的规定，履行调解协议的激励机制会极大地促进当事人达成调解协议，有利于督促当事人严格、自觉、完全、及时地履行调解协议。另外，本规定第十七条规定了当事人就部分诉讼请求达成调解协议的，人民法院可以就此先行确认并制作调解书，则可以使当事人之间的纠纷能够尽早得到部分解决，避免因为整个纠纷解决时间过长而造成其他问题和激化矛盾。

二、强调民事诉讼应贯彻调解原则

本规定进一步强调了人民法院审理民事案件必须全面贯彻调解工作的基本原则，这体现在两个方面：一是明确规定了调解适用的诉讼阶段；二是明确规定了人民法院调解民事案件的范围。

关于诉讼调解适用的诉讼阶段。本规定第一条首先从诉讼阶段上明确了不管是一审、上诉审还是审判监督程序审，原则上都适用调解原则。《民事诉讼法》对调解适用于一审和二审民事案件有相应的规定，但对于再审案件能否适用调解，未作出规定。在实务和理论界对此有不同的看法。本规定之所以规定再审民事案件可以进行调解，主要考虑了以下几个因素：一是我国审判监督程序的启动与一般的起诉和上诉审完全不同，按照《民事诉讼法》的规定，人民法院要对是否进入审判监督程序的民事案件进行事先审查，这种审查不仅包括形式审，即是否在形式上符合再审的要求，而且要进行实体审，即对一审案件证据的认定、事实的判断、法律的适用等问题进行审查，只有发现有《民事诉讼法》规定的可以再审的要件，才裁定进入再审程序。因此，人民法院在裁定案件进入再审程序时已经对该案件裁判存在的问题作出了说明。进入再审程序后，留给再审法院的职责是如何对原生效裁判内容进行处理。因此，通过调解化解矛盾解决纠纷符合再审制度的基本要求。另外，再审案件往往是争议较大、内容复杂的案件，处理得不好，申诉、信访等问题还是难以解决，就不能有效地缓解人民法院审判工作的压力。再审案件通过调解审结后，不仅案件结了，矛盾也消除了，执行的难度也减少了，能够实现各方共赢的效果。

关于调解民事案件的范围。本规定第二条根据《民事诉讼法》的规定，按照民事案件的性质和人民法院调解工作的实践经验，将民事案件作出了三类划分：一是应当调解的案件，二是可以调解的案件，三是不得调解的案件。本规定规定的有调解必要且有可能通过调解解决的案件，人民法院应当调解。人民法院应当调解就是说，调解应当是法院审理该类案件的先行程序，要先调解，调解不成的再作裁判。同时，应当调解是要求人民法院要主动启动调解程序，不须当事人申请，也不用经当事人先同意后再启动调解程序。这主要是针对人民法院规定的一项义务。应当调解的案件主要包括以下几类：一是当事人申请调解的案件，人民法院必须进行调解，但依性质不得调解的案件除外。二是特定的涉及家庭关系、相邻关系和其他涉及身份关系的案件。这些案件涉及家庭生活健康、稳定，相邻关系的和谐共处，社会关系的长治久安等重要社会公共目标，以调解方式解决此类纠纷有利于社会公共目标的实现。三是适用简易程序审理的案件。适用简易程序的案件一般事实清楚、关系简单、矛盾较小、争议不大，通过调解很容易解决，能够提高诉讼的效率，既可以降低诉讼成本，也能使当事人尽早从诉累中解脱出来。《最高人民法院关于适用简易程序审理民事案件若干问题的规定》对适用简易程序审理的民事案件的调解问题已经有明确的规定。人民法院对这三类案件依职权进行调解有利于缓解社会矛盾，彻底解决纠纷。司法实践证明对这三类案件调解社会效果好，当事人也容易接受。即使调解不成再作出判决，当事人的对抗程度减弱，对判决结果的心理承受力增强，调解产生的好效果必然会带到庭审中，为日后作出判决打下坚实的基础。不得调解的案件主要是指依照案件的性质不能进行调解的案件，主要包括：适用特别程序、督促程序、公示催告程序、破产还债程序的案件，婚姻关系、身份关系确认案件以及其他依案件性质不能进行调解的民事案件，人民法院不予调解。适用特别程序、督促程序、公示催告程序、破产还债程序的案件，依据《民事诉讼法》的规定，都是基于特定事项的特别程序，均为非诉案件，不以当事人之间的对抗为诉讼基础，所以当事人没有自行协商终结案件的能力和权利，原则上不适用调解。对于确定法律行为效力或者身份关系的诉讼，为确认之诉，确认之诉是对行为之效力或者法律关系之存在进行法律上的判断，只能由有权机关作出，而不能由当事人协商决定，所以对此类诉讼不能进行调解。但应当注意，如果同时存在确认之诉和给付之诉的民事案件，对给付之诉还是可以进行调解的。如既请求确认合同无效，又请求返还财产、赔偿损失，对返还财产和赔偿损失问题是可以进行调解的，但对合同有效、无效的认定，只能由法院裁判。再如对确认婚姻关系效力的，婚姻法司法解释中也已经明确规定，只能进行裁判，不能调解。在应当调解和不得调解的民事案件之外，还有第三类民事案件，是可以调解的案件。此类案件的范围按照本规定第一条规定内容来看，范围非常广，除了不得调解的案件外，均为可以调解的案件。在答辩期满前对案件进行调解，即属于此类情形。

三、明确调解与裁判的关系

《民事诉讼法》对调解与审判之间的关系未作出明确的规定。在案件审理各个阶段都可以调解，从案件受理后到裁判作出之前，都可以进行调解。同时，本规定区分了不同审判阶段的调解，并明确规定了立案后答辩期届满前可以调解，确立了庭前调解规则。

四、确立答辩期满前的调解

对在案件受理后，人民法院在答辩期满前能否对案件进行调解，《民事诉讼法》没有明确规定。实践中有的法院采取这种做法，效果很好，所以本规定第一条对此作出了明确的规定："在征得当事人各方同意后，人民法院可以在答辩期满前进行调解。"这一阶段调解只有在当事人同意的情况下才可以进行，不会影响当事人的诉讼权利。答辩期满前的调解有两种启动的方式：一是当事人申请调解的，可以立即进入调解程序；二是由法院主动征得各方当事人同意后也可以进行调解。但在答辩期满前法院不得以职权主动启动调解程序。同时，为避免答辩期满前的调解时间过长会拖延诉讼，本规定第六条对这一阶段的调解时间作出了限制。本规定对答辩期满前的调解规定相对简单，对庭前主持调解的法官与庭审的审判组织是否应当分离问题，本规定本着灵活、务实的态度，不要求全国法院统一单设独立庭前调解组织，准许有条件的法院进行调判组织适度分离的尝试，待实践一段时间后再总结经验。应当强调的是，本规定确立的答辩期满前的调解，是指在立案后答辩期届满前的调解，是诉讼进行中的调解，而不是诉前调解，与人民调解及以前的经济纠纷调解中心的调解完全不同。一些法院在立案之前对案件当事人进行的劝说协调工作，是诉外调解，不属于答辩期满前的调解。

五、调解组织适度社会化

为解决审判力量严重不足的问题，提高诉讼效率，确保司法公正，本规定对调解人员的范围作出了扩大性规定。调解人员的社会化主要通过两种方式实现：一是邀请协助调解，就是人民法院依法可以邀请与当事人有特定关系或者与案件有一定联系的企业、事业单位、社会团体或者其他组织，以及具有专门知识、特定社会经验、与当事人有特定关系并有利于促成调解的个人协助调解工作；二是邀请有关人员主持调解，就是在经各方当事人同意后，人民法院委托有法律知识、相关工作经验或者对案件所涉问题有专门知识的单位或者个人对案件进行调解，如技术专家、居委会、人民调解组织、行业主管部门。经调解达成调解协议的，由人民法院依法予以确认，与法官主持调解产生相同的效果。

六、调解协议内容的开放性

本规定规定，调解协议的内容超出诉讼请求范围的，人民法院可以准许。当事人之间可能会有多个纠纷，在协商解决其中一个纠纷时，他们通常也会对各项法律关系的解决一并予以考虑和协商，以达成"一揽子"协议。这样，"一揽子"协议的内容通常就会超出当事人诉讼请求的范围。如果不承认这种协议，当事人之间的纠纷就很难解决，相关问题也会随之诉诸法院，增加诉累。《民事诉讼法》虽然对调解协议是否可以超出诉讼请求范围没有明确的规定，但《民事诉讼法》强调了调解应当遵从自愿、合法的原则，可以理解为只要在自愿、合法前提下达成的调解协议即使超出诉讼请求和本案诉争的法律关系也是符合《民事诉讼法》精神的，人民法院应认可其效力。因此，本规定第九条规定："调解协议内容超出诉讼请求的，人民法院可以准许。"当然，并不是调解协议中任何超出诉讼请求范围的内容人民法院都应确认，而应当对当事人达成的调解协议超过诉讼请求的情形依法予以审查，只有不违反法律、行政法规的禁止性规定，不侵害国家、社会和他人的合法权益的协议，才可以确认其有效。

另外，如果当事人对未达成协议的事项一致同意交由法院裁判并表示接受裁判结果的约定，与当事人一致同意交由仲裁的意思表示相类似，法院此时行使的权力更多的内涵是依托当事人的信任居中仲裁纠纷。国外的民事诉讼法对此有类似的规定。本规定借鉴国外立法经验，在第十四条中作出了规定。

七、调解激励机制

尽管多数调解书生效后（或者调解协议生效后）能够得到当事人自觉地履行，进入强制执行程序的案件较少。但一旦发生不履行调解协议或者调解书的情况，债权人就会后悔在调解时作出让步。正是这种顾虑影响了当事人进行调解的积极性。为消除当事人这种顾虑，促进当事人达成调解协议，本规定确认了调解履行的两种激励机制：一是当事人可以在调解协议中约定一方不履行调解协议时承担额外的民事责任，经人民法院确认并于调解书（或者调解协议）生效后，在发生一方不履行调解书（或者调解协议）时，另一方当事人可以直接申请人民法院强制执行；二是当事人可以为履行调解协议设定担保，一旦不履行调解书（或者调解协议）的情况产生，另一方可以向法院申请强制执行担保人的财产或者担保物，以保证他的债权得到及时实现。

调解协议约定的民事责任，不是指调解协议约定的给付内容本身，而是指不履行协议约定的给付内容而承担的额外的民事责任。通常当事人可以在调解协议中约定两种民事责任：一是替代责任，如约定一方向另一方赔礼道歉，如果到时不赔礼道歉则应当支付赔款10000元，赔款是替代赔礼道歉的民事责任；二是加重责任，如约定一方应当于10月1日前清偿另一方借款本金100万元，如果到期没有清偿完100万元则应当一并再支付所欠利息25万元。

对于替代性的民事责任，只要发生届期不履行调解协议的情形，原本的履行即替换为新的一种履行，因此，不存在迟延履行责任问题。对于加重性的民事责任，加重的责任本身就是对不履行调解协议或者调解书一方的惩罚，因此，迟延履行责任与当事人在调解协议中约定的加重责任是竞合关系，当事人只能选择其中一种行使，不得同时行使两种权利。基于约定优先于法定之原则，当事人的约定可以优先行使，不得以法律已经有迟延履行责任的规定而认定当事人的约定无效。

当事人可以为调解协议的履行设定担保。一种方式是当事人自行设定担保。当事人自行担保也分两种形式：一是当事人为自己的债务提供担保，只能是提供物的担保，如抵押、质押；二是当事人为他人债务担保，则可以是保证，也可以是抵押或者质押。另一种方式是当事人之外的案件人提供担保。案外人提供担保的形式可以是保证，也可以抵押或者质押。对调解协议的履行设定的担保，符合《担保法》规定的生效条件时产生法律效力。设定的担保要记入调解协议，制作调解书的应当记入调解书。案外人提供担保的，人民法院应当在制作的调解书中列明担保人，并将调解书送交担保人。设定的担保依照当事人的约定或者法律的规定已经生效的，即使担保人未在调解协议上签字或者盖章，或者担保人不签收调解书的，不影响调解协议或者调解书生效，也不影响担保的成立生效。

八、当事人可以自愿选择调解协议的生效方式

实践中存在当事人在签收调解书之前无故反悔，有意以此拖延诉讼的情况。这既严重影响了调解效率，浪费了审判资源，也增加了当事人诉讼成本，违背了诉讼诚信原则。为此，本规定第十三条明确了几个问题：一是基于调解自愿原则当事人可以自由选择调解协议何时对其产生法律效力。因此，适用该条规定时，关键是看当事人是否明确同意调解协议自当事人签字或者盖章后即可产生生效调解书的法律效力。如果没有当事人的事先明确表示，除《民事诉讼法》第九十条[①]第一款规定情形外，不得认为当事人在调解协议上签字或者盖章后调解协议即发生法律效力。二是基于合法性原则，当事人约定在调解协议上签字或者盖章后生效的，人民法院还应当对调解协议进行审查，审查应当按照本规定第十二条的规定进行。三是经人民法院确认，当事人同意在调解协议上签字或者盖章后生效的，人民法院审判人员、书记员应当在调解协议上签字或者盖章，并记于案卷予以保存。四是当事人仍然要求制作调解书的，人民法院也应当根据调解协议的内容制作调解书。调解书制作后直接送交当事人，无须当事人签收。当事人拒不接收调解书的，调解协议仍然有效。此时的调解书是当事人依法向人民法院申请强制执行的法律文书。如此规定，有利于培育当事人诚信意识，避免当事人随意反悔，确保法

[①] 现为《民事诉讼法》（2023年修正）第一百零一条。

院调解工作取得良好的法律效果和社会效果。

九、适用的案件范围

本规定适用于人民法院审理的民事案件和刑事附带民事案件。对刑事自诉案件的调解工作，法律、司法解释没有规定的，人民法院可以参照本规定执行。本规定适用于上述案件的一审、二审、再审程序。

十、时间效力

本规定自 2004 年 11 月 1 日起正式实施。本规定实施之日起，人民法院对新受理的民事案件和刑事附带民事案件要按照本规定做调解工作。人民法院在本规定实施之前已经受理尚未审结的一审、二审和再审案件，也应当适用本规定。但本规定实施前人民法院已经终审的案件，当事人以本规定为依据申请人民法院对案件进行再审的，人民法院不予支持。

十一、排他效力

本规定实施前最高人民法院公布实施的司法解释与本规定不一致的，一律按照本规定执行。

（撰稿人：吴兆祥
审稿人：邵文虹）

人民法院在线调解规则

法释〔2021〕23号

（2021年12月27日最高人民法院审判委员会第1859次会议通过　2021年12月30日最高人民法院公告公布　自2022年1月1日起施行）

为方便当事人及时解决纠纷，规范依托人民法院调解平台开展的在线调解活动，提高多元化解纠纷效能，根据《中华人民共和国民事诉讼法》《中华人民共和国行政诉讼法》《中华人民共和国刑事诉讼法》等法律的规定，结合人民法院工作实际，制定本规则。

第一条　在立案前或者诉讼过程中依托人民法院调解平台开展在线调解的，适用本规则。

第二条　在线调解包括人民法院、当事人、调解组织或者调解员通过人民法院调解平台开展的在线申请、委派委托、音视频调解、制作调解协议、申请司法确认调解协议、制作调解书等全部或者部分调解活动。

第三条　民事、行政、执行、刑事自诉以及被告人、罪犯未被羁押的刑事附带民事诉讼等法律规定可以调解或者和解的纠纷，可以开展在线调解。

行政、刑事自诉和刑事附带民事诉讼案件的在线调解，法律和司法解释另有规定的，从其规定。

第四条　人民法院采用在线调解方式应当征得当事人同意，并综合考虑案件具体情况、技术条件等因素。

第五条　人民法院审判人员、专职或者兼职调解员、特邀调解组织和特邀调解员以及人民法院邀请的其他单位或者个人，可以开展在线调解。

在线调解组织和调解员的基本情况、纠纷受理范围、擅长领域、是否收费、作出邀请的人民法院等信息应当在人民法院调解平台进行公布，方便当事人选择。

第六条　人民法院可以邀请符合条件的外国人入驻人民法院调解平台，参与调解当事人一方或者双方为外国人、无国籍人、外国企业或者组织的民商事纠纷。

符合条件的港澳地区居民可以入驻人民法院调解平台，参与调解当事人一方或者双方为香港特别行政区、澳门特别行政区居民、法人或者非法人组织以及大陆港资澳资企业的民商事纠纷。

符合条件的台湾地区居民可以入驻人民法院调解平台，参与调解当事人一方或者双方为台湾地区居民、法人或者非法人组织以及大陆台资企业的民商事纠纷。

第七条 人民法院立案人员、审判人员在立案前或者诉讼过程中，认为纠纷适宜在线调解的，可以通过口头、书面、在线等方式充分释明在线调解的优势，告知在线调解的主要形式、权利义务、法律后果和操作方法等，引导当事人优先选择在线调解方式解决纠纷。

第八条 当事人同意在线调解的，应当在人民法院调解平台填写身份信息、纠纷简要情况、有效联系电话以及接收诉讼文书电子送达地址等，并上传电子化起诉申请材料。当事人在电子诉讼平台已经提交过电子化起诉申请材料的，不再重复提交。

当事人填写或者提交电子化起诉申请材料确有困难的，人民法院可以辅助当事人将纸质材料作电子化处理后导入人民法院调解平台。

第九条 当事人在立案前申请在线调解，属于下列情形之一的，人民法院退回申请并分别予以处理：

（一）当事人申请调解的纠纷不属于人民法院受案范围，告知可以采用的其他纠纷解决方式；

（二）与当事人选择的在线调解组织或者调解员建立邀请关系的人民法院对该纠纷不具有管辖权，告知选择对纠纷有管辖权的人民法院邀请的调解组织或者调解员进行调解；

（三）当事人申请调解的纠纷不适宜在线调解，告知到人民法院诉讼服务大厅现场办理调解或者立案手续。

第十条 当事人一方在立案前同意在线调解的，由人民法院征求其意见后指定调解组织或者调解员。

当事人双方同意在线调解的，可以在案件管辖法院确认的在线调解组织和调解员中共同选择调解组织或者调解员。当事人同意由人民法院指定调解组织或者调解员,或者无法在同意在线调解后两个工作日内共同选择调解组织或者调解员的,由人民法院指定调解组织或者调解员。

人民法院应当在收到当事人在线调解申请后三个工作日内指定调解组织或者调解员。

第十一条 在线调解一般由一名调解员进行,案件重大、疑难复杂或者具有较强专业性的,可以由两名以上调解员调解,并由当事人共同选定其中一人主持调解。无法共同选定的,由人民法院指定一名调解员主持。

第十二条 调解组织或者调解员应当在收到人民法院委派委托调解信息或者当事人在线调解申请后三个工作日内,确认接受人民法院委派委托或者当事人调解申请。纠纷不符合调解组织章程规定的调解范围或者行业领域,明显超出调解员擅长领域或者具有其他不适宜接受情形的,调解组织或者调解员可以写明理由后不予接受。

调解组织或者调解员不予接受或者超过规定期限未予确认的,人民法院、当事人可以重新指定或者选定。

第十三条 主持或者参与在线调解的人员有下列情形之一,应当在接受调解前或者调解过程中进行披露:

(一)是纠纷当事人或者当事人、诉讼代理人近亲属的;

(二)与纠纷有利害关系的;

(三)与当事人、诉讼代理人有其他可能影响公正调解关系的。

当事人在调解组织或者调解员披露上述情形后或者明知其具有上述情形,仍同意调解的,由该调解组织或者调解员继续调解。

第十四条 在线调解过程中,当事人可以申请更换调解组织或者调解员;更换后,当事人仍不同意且拒绝自行选择的,视为当事人拒绝调解。

第十五条 人民法院对当事人一方立案前申请在线调解的,应当征询对方当事人的调解意愿。调解员可以在接受人民法院委派调解之日起三个工作日内协助人民法院通知对方当事人,询问是否同意调解。

对方当事人拒绝调解或者无法联系对方当事人的,调解员应当写明原因,终结在线调解程序,即时将相关材料退回人民法院,并告知当事人。

第十六条 主持在线调解的人员应当在组织调解前确认当事人参与调解的方式,并按照下列情形作出处理:

（一）各方当事人均具备使用音视频技术条件的，指定在同一时间登录人民法院调解平台；无法在同一时间登录的，征得各方当事人同意后，分别指定时间开展音视频调解；

（二）部分当事人不具备使用音视频技术条件的，在人民法院诉讼服务中心、调解组织所在地或者其他便利地点，为其参与在线调解提供场所和音视频设备。

各方当事人均不具备使用音视频技术条件或者拒绝通过音视频方式调解的，确定现场调解的时间、地点。

在线调解过程中，部分当事人提出不宜通过音视频方式调解的，调解员在征得其他当事人同意后，可以组织现场调解。

第十七条 在线调解开始前，主持调解的人员应当通过证件证照在线比对等方式核实当事人和其他参与调解人员的身份，告知虚假调解法律后果。立案前调解的，调解员还应当指导当事人填写《送达地址确认书》等相关材料。

第十八条 在线调解过程中，当事人可以通过语音、文字、视频等形式自主表达意愿，提出纠纷解决方案。除共同确认的无争议事实外，当事人为达成调解协议作出妥协而认可的事实、证据等，不得在诉讼程序中作为对其不利的依据或者证据，但法律另有规定或者当事人均同意的除外。

第十九条 调解员组织当事人就所有或者部分调解请求达成一致意见的，应当在线制作或者上传调解协议，当事人和调解员应当在调解协议上进行电子签章；由调解组织主持达成调解协议的，还应当加盖调解组织电子印章，调解组织没有电子印章的，可以将加盖印章的调解协议上传至人民法院调解平台。

调解协议自各方当事人均完成电子签章之时起发生法律效力，并通过人民法院调解平台向当事人送达。调解协议有给付内容的，当事人应当按照调解协议约定内容主动履行。

第二十条 各方当事人在立案前达成调解协议的，调解员应当记入调解笔录并按诉讼外调解结案，引导当事人自动履行。依照法律和司法解释规定可以申请司法确认调解协议的，当事人可以在线提出申请，人民法院经审查符合法律规定的，裁定调解协议有效。

各方当事人在立案后达成调解协议的,可以请求人民法院制作调解书或者申请撤诉。人民法院经审查符合法律规定的,可以制作调解书或者裁定书结案。

第二十一条 经在线调解达不成调解协议,调解组织或者调解员应当记录调解基本情况、调解不成的原因、导致其他当事人诉讼成本增加的行为以及需要向人民法院提示的其他情况。人民法院按照下列情形作出处理:

(一)当事人在立案前申请在线调解的,调解组织或者调解员可以建议通过在线立案或者其他途径解决纠纷,当事人选择在线立案的,调解组织或者调解员应当将电子化调解材料在线推送给人民法院,由人民法院在法定期限内依法登记立案;

(二)立案前委派调解的,调解不成后,人民法院应当依法登记立案;

(三)立案后委托调解的,调解不成后,人民法院应当恢复审理。

审判人员在诉讼过程中组织在线调解的,调解不成后,应当及时审判。

第二十二条 调解员在线调解过程中,同步形成电子笔录,并确认无争议事实。经当事人双方明确表示同意的,可以以调解录音录像代替电子笔录,但无争议事实应当以书面形式确认。

电子笔录以在线方式核对确认后,与书面笔录具有同等法律效力。

第二十三条 人民法院在审查司法确认申请或者出具调解书过程中,发现当事人可能采取恶意串通、伪造证据、捏造事实、虚构法律关系等手段实施虚假调解行为,侵害他人合法权益的,可以要求当事人提供相关证据。当事人不提供相关证据的,人民法院不予确认调解协议效力或者出具调解书。

经审查认为构成虚假调解的,依照《中华人民共和国民事诉讼法》等相关法律规定处理。发现涉嫌刑事犯罪的,及时将线索和材料移送有管辖权的机关。

第二十四条 立案前在线调解期限为三十日。各方当事人同意延长的,不受此限。立案后在线调解,适用普通程序的调解期限为十五日,适用简易程序的调解期限为七日,各方当事人同意延长的,不受此限。立案后延长的调解期限不计入审理期限。

委派委托调解或者当事人申请调解的调解期限,自调解组织或者调解员在人民法院调解平台确认接受委派委托或者确认接受当事人申请之日起算。

审判人员主持调解的，自各方当事人同意之日起算。

第二十五条 有下列情形之一的，在线调解程序终结：

（一）当事人达成调解协议；

（二）当事人自行和解，撤回调解申请；

（三）在调解期限内无法联系到当事人；

（四）当事人一方明确表示不愿意继续调解；

（五）当事人分歧较大且难以达成调解协议；

（六）调解期限届满，未达成调解协议，且各方当事人未达成延长调解期限的合意；

（七）当事人一方拒绝在调解协议上签章；

（八）其他导致调解无法进行的情形。

第二十六条 立案前调解需要鉴定评估的，人民法院工作人员、调解组织或者调解员可以告知当事人诉前委托鉴定程序，指导通过电子诉讼平台或者现场办理等方式提交诉前委托鉴定评估申请，鉴定评估期限不计入调解期限。

诉前委托鉴定评估经人民法院审查符合法律规定的，可以作为证据使用。

第二十七条 各级人民法院负责本级在线调解组织和调解员选任确认、业务培训、资质认证、指导入驻、权限设置、业绩评价等管理工作。上级人民法院选任的在线调解组织和调解员，下级人民法院在征得其同意后可以确认为本院在线调解组织和调解员。

第二十八条 人民法院可以建立婚姻家庭、劳动争议、道路交通、金融消费、证券期货、知识产权、海事海商、国际商事和涉港澳台侨纠纷等专业行业特邀调解名册，按照不同专业邀请具备相关专业能力的组织和人员加入。

最高人民法院建立全国性特邀调解名册，邀请全国人大代表、全国政协委员、知名专家学者、具有较高知名度的调解组织以及较强调解能力的人员加入，参与调解全国法院有重大影响、疑难复杂、适宜调解的案件。

高级人民法院、中级人民法院可以建立区域性特邀调解名册，参与本辖区法院案件的调解。

第二十九条 在线调解组织和调解员在调解过程中，存在下列行为之一的，当事人可以向作出邀请的人民法院投诉：

（一）强迫调解；

（二）无正当理由多次拒绝接受人民法院委派委托或者当事人调解申请；

（三）接受当事人请托或者收受财物；

（四）泄露调解过程、调解协议内容以及调解过程中获悉的国家秘密、商业秘密、个人隐私和其他不宜公开的信息，但法律和行政法规另有规定的除外；

（五）其他违反调解职业道德应当作出处理的行为。

人民法院经核查属实的，应当视情形作出解聘等相应处理，并告知有关主管部门。

第三十条 本规则自 2022 年 1 月 1 日起施行。最高人民法院以前发布的司法解释与本规则不一致的，以本规则为准。

【导读及适用要点】

一、人民法院在线调解的内涵

在线纠纷解决发端于电子商务和跨国电子商务领域，一方面具有非诉讼纠纷解决机制的属性，另一方面依赖互联网技术和平台技术。随着现代信息技术发展，一些地方法院开始探索视频调解。早期的视频调解，主要是出于便利群众的考虑，让当事人在任何地方都可以通过电脑、手机开展调解。这一时期尚未广泛邀请多元化力量参与调解。2018 年 2 月，最高人民法院上线调解平台，并根据实践需求不断迭代升级，完善"一网通调"流程，扩大社会力量参与度。与此同时，其他国家和地区对于在线争议解决的认识逐渐从改进法院过去运作方式的技术工具向变革传统争议处理方式转变，并且也在积极探索集成化的争议解决系统，开展在线分流、协商、调解和在线听证等工作。从在线调解平台发展的速度、覆盖的广度，以及在线解决纠纷的数量看，我国法院一马当先，调解平台已经成为应用覆盖面最广、解纷功能最集约、调解资源最丰富、化解案件量最多、诉调对接最顺畅的强大平台，这主要得益于我国的制度优势以及自上而下一盘棋推进的工作思路。

从人民法院在线调解的功能、性质看，在线调解与线下调解并无太多差异，都是通过说服、疏导等方式，促使当事人在平等协商基础上达成调解协议，及时解决纠纷，属于非诉讼纠纷解决方式之一，线下调解的自愿、合法、平等、保密等基本原则以及相应的程序规则同样适用于在线调解。但在调解主体、调解方式、调解期限起算、委派委托调解流程等方面存在一定特殊性，因此，有必要专门作出规定。

《人民法院在线调解规则》（法释〔2021〕23号，以下简称《在线调解规则》）标题使用"人民法院在线调解"的表述，主要强调的是对人民法院主导下的在线调解工作作出规范，属于司法调解范畴，包括当事人向法院提起诉讼后，经引导进行立案前或者诉讼过程中的调解，也包括当事人通过调解平台选择法院特邀调解组织或者特邀调解员开展的调解。人民法院并非解决纠纷的唯一主体，实践中，大量矛盾纠纷发生后，当事人不是起诉到法院，而是直接选择其他调解组织或者在其他纠纷解决平台上进行调解。对其他调解组织开展的在线调解，且不涉及在线诉调对接的，不适用《在线调解规则》。

《在线调解规则》第二条对在线调解作出界定，其包括以下几个要件。

第一，依托调解平台这一载体开展。在征求意见中，有意见指出《在线调解规则》标题应当改为"人民法院调解平台在线调解规则"。考虑到《在线调解规则》与《人民法院在线诉讼规则》《人民法院在线运行规则》作为"三大在线规则"，形成了有机衔接、相互支撑、各有侧重的程序规则体系，在名称上需要保持统一，因此，将依托调解平台这一要件放在《在线调解规则》适用范围中作出明确。这里的调解平台既包括最高人民法院统一建设的平台，也包括部分地方法院自行建设的调解平台。从全国法院情况看，24个省（自治区、直辖市）法院使用最高人民法院统一建设的调解平台，北京、河北、上海、江苏、浙江、江西、广东、重庆8个地区法院使用自建的调解平台，但与调解平台互联互通。为规范自建地区调解平台名称，最高人民法院在2021年下发专门通知，要求将自建平台名称修改为人民法院调解平台＋自建平台名称，如河北法院改为"人民法院调解平台·冀时调"，因此，《在线调解规则》将在线调解平台名称统一为人民法院调解平台。在《在线调解规则》第一轮征求意见稿中，我们对在线调解平台建设对接要求作了规范，但有意见指出关于平台建设要求不属于司法解释规范内容，考虑到《人民法院在线运行规则》对调解平台将作出专门规定，故删除相关内容。

第二，在线调解包括调解申请、委派委托、音视频调解、制作调解协议、申请司法确认调解协议、制作调解书等环节。目前，关于线下调解具体流程散见于《人民调解法》《民事诉讼法》以及《最高人民法院关于适用〈中华人民共和国民事诉讼法〉的解释》（以下简称《民事诉讼法解释》）等法律和司法解释中，如《人民调解法》第四章调解程序和第五章调解协议中对调解的申请、组织调解、调解协议书制作、申请司法确认等作出规定。《民事诉讼法解释》对调解的基本原则、调解书的制作等作出规定，但对调解具体流程特别是起诉到法院后立案前的调解流程尚未作出系统性规范。《在线调解规则》梳理了在线调解流程：在线申请，即当事人经人民法院引导后直接通过调解平台申请调解；委派委托，即人民法院对当事人同意在线调解的，通过调解平台在立案前委派或者在立案后委托在线调解组织或者调解员调解；音视频调解，即主持在线调解人员通过音频、视频等非现场方式组织调解；制作调解协议，即当事人就所有或者部分调解请求达成一致意见后在线制作或者上传调解协议；申请司法确认调解协议、制作调解书，即对依法可以申请司法确认或者应当立案后出具调解书的，通过调解平台在线申请或者制作。

第三，调解环节可以全部在线完成，也可以部分在线完成，充分尊重当事人选择权。在线调解不等同于音视频调解，也不意味着在线调解必须采用音视频方式，更不是所有流程都必须在线办理。例如，人民法院通过调解平台委派委托调解后，调解人员既可以根据当事人意愿开展音视频调解，也可以组织现场调解，因委派委托调解这一环节通过调解平台进行，即便调解过程不是通过音视频方式开展，也属于在线调解范畴。

关于在线调解的效力，征求意见稿在第二条第二款作了专门规定。因《民事诉讼法》增加了"经当事人同意，民事诉讼活动可以通过信息网络平台在线进行。民事诉讼活动通过信息网络平台在线进行的，与线下诉讼活动具有同等法律效力"的规定，关于在线调解法律效力的规定可以适用《民事诉讼法》，已无必要在《在线调解规则》中再行规定，故根据全国人大常委会法工委建议删除第二款内容。

二、在线调解的适用

《在线调解规则》第一条、第三条、第四条明确了在线调解的适用要件。

第一，主体条件。人民法院、当事人、调解组织或者调解员可以通过调解平台开展在线调解活动。人民法院既可以自行组织在线调解，审判人员在立案后组织双方当事人调解，也可以委派委托调解组织或者调解员开展在线调解，还可以结合案件情况，与调解组织或者调解员联合进行调解。

第二，案件范围。为鼓励大量矛盾纠纷通过调解方式不伤和气地解决，《在线调解规则》第三条明确依法可以调解或者和解的纠纷，包括民事纠纷、行政纠纷、执行案件、刑事自诉以及被告人、罪犯未被羁押的刑事附带民事诉讼案件均可以在线调解，实现主要案件类型全覆盖。同时，考虑到行政诉讼法、刑事诉讼法关于行政案件、刑事自诉案件以及刑事附带民事案件的调解范围、证据采信等规定与民事纠纷有所不同，如《行政诉讼法》第六十条对行政案件调解范围作了明确，即行政赔偿、补偿以及行政机关行使法律、法规规定的自由裁量权的案件可以调解。在征求意见中，有意见指出《在线调解规则》主要采取民事调解的做法，相关规定不适用刑事案件，此外，对于被告人、罪犯已经被羁押的，不适宜进行在线调解，故增加刑事附带民事诉讼调解应当适用于被告人、罪犯未被羁押情形的前置条件，故《在线调解规则》第三条第二款规定："行政、刑事自诉和刑事附带民事诉讼案件的在线调解，法律和司法解释另有规定的，从其规定。"关于执行和解，考虑到现行法律没有规定执行案件的调解，而仅有执行和解程序，故在第一轮征求意见稿中没有包括执行案件。在征求意见时，一些地方法院建议将执行案件纳入。为尊重地方实践，鼓励通过调解、和解等方式解决大量案件，故将执行案件纳入在线调解范围，并在表述上采用"调解或者和解"。

第三，适用环节。在线调解适用于包括立案前或者诉讼过程中的各个环节。现行法律和司法解释主要对诉讼过程中的调解作出规定，对先行调解的规定较为原则。如《民事诉讼法》第一百二十五条规定："当事人起诉到人民法院的民事纠纷，适宜调解的，先行调解，但当事人拒绝调解的除外。"考虑到诉讼中调解较为完善，《在线调解规则》重点对立案前调解作出规定，同时注意衔接诉中调解工作。之所以对立案前调解进行专门规定，主要的考虑是：

近年来，随着经济社会快速发展，大量矛盾纠纷涌入人民法院，诉讼案件激增与有限司法资源之间的矛盾更加突出。如果纠纷都到法院解决，会带来两个问题。首先，"对簿公堂"，因法庭对抗性强，可能影响社会和谐。其次，司法资源有限，大量案件在法院解决，既让法官难堪重负，也难以及时实现正义。2019年年初，习近平总书记指出，要坚持把非诉讼纠纷解决机制挺在前面，推动更多法治力量向引导和疏导端用力。诉讼是化解矛盾纠纷的必要手段，但不是唯一手段。为贯彻落实党中央决策部署，人民法院大力推进一站式多元纠纷解决机制建设，出台《最高人民法院关于人民法院特邀调解的规定》（以下简称《特邀调解规定》）、《最高人民法院关于进一步完善委派调解机制的指导意见》（以下简称《委派调解意见》）、《最高人民法院关于人民法院深化"分调裁审"机制改革的意见》（以下简称《"分调裁审"意见》）等规范性文件，加大诉前调解工作力度，让大量矛盾纠纷及时高效化解在起诉前。从调解平台数据看，诉前调解量占全部在线调解纠纷的85%左右。《在线调解规则》吸收了之前司法政策文件成熟经验，充分尊重实践可行做法，除对立案前或者诉讼过程中在线调解的共性问题作出规范外，也专门对立案前在线调解申请的退回、立案前在线调解组织和调解员的指定、立案前一方当事人调解意愿的征询、立案前调解协议的履行、立案前调解不成的处理、立案前调解过程中鉴定评估的效力认定等作出规定。

第四，适用条件。《在线调解规则》第四条明确适用在线调解必须征得当事人同意。无论是《人民法院在线诉讼规则》，还是《民事诉讼法》，均明确在线模式的适用，需以当事人同意为前提，尊重当事人对在线方式的选择权。因此，《在线调解规则》对采用在线调解方式应当征得当事人同意作了专门强调。同时，人民法院决定是否采用在线调解方式，也需要考虑案件具体情况以及技术条件等因素。比如面对面调解更容易化解纠纷的，或者双方当事人都在现场的，可以组织线下调解。需要指出的是，无论在线调解还是组织现场调解，抑或上门调解，出发点都是为了给人民群众解决纠纷提供多元化的途径，目的是让纠纷解决更加及时便捷高效，决不能为了提高在线调解应用率，增加群众解决纠纷的负担。

三、在线调解的主体及名册管理

《在线调解规则》第五条对开展在线调解的主体作出规定。在主体范围设计上,《在线调解规则》坚持开放性原则,尽可能吸纳更多社会力量参与调解工作。在线调解主体主要包括四类。

一是法院审判人员。

二是法院专职或者兼职调解员。专(兼)职调解员主要为人民法院负责调解工作的法官或者司法辅助人员,以及由人民法院选聘专门从事调解工作的人员。

三是特邀调解组织和特邀调解员。《特邀调解规定》第六条第一款、第二款规定:"依法成立的人民调解、行政调解、商事调解、行业调解及其他具有调解职能的组织,可以申请加入特邀调解组织名册。品行良好、公道正派、热心调解工作并具有一定沟通协调能力的个人可以申请加入特邀调解员名册。人民法院可以邀请符合条件的调解组织加入特邀调解组织名册,可以邀请人大代表、政协委员、人民陪审员、专家学者、律师、仲裁员、退休法律工作者等符合条件的个人加入特邀调解员名册。"

四是人民法院邀请的其他单位或者个人。

在征求意见中,有意见提出将在线调解组织和人员限缩为特邀调解组织和特邀调解员。我们考虑到,近年来,最高人民法院建立"总对总"在线诉调对接机制,积极推动调解平台进乡村、进社区、进网格,邀请中央部委单位数万个调解组织和调解员,以及基层治理单位、基层解纷人员入驻调解平台,开展化解、调解工作。

这些人员中,对符合纳入特邀调解名册条件的,鼓励各地纳入特邀调解名册管理,但仍有部分组织或者人员无法纳入特邀调解名册。

为尊重工作实践,扩大多元解纷队伍,对这些单位和人员,人民法院可以邀请参与调解,更好地为当事人提供有针对性的纠纷解决服务。

《在线调解规则》第二十七条对在线调解组织和人员分级管理作出规定,即"谁选任、谁管理"。管理内容包括调解组织或者调解员的选任;上级人民法院选任的调解组织或者调解员,下级人民法院可以征得其同意后确认为本院调解组织或者调解员;选任后定期组织业务培训;制定本地区调解组织或者调解员资质认证规范；指导邀请的调解组织或者调解员入驻调解平台；根据调解组织或者调解员类型对其工作权限进行分类设置；对调解组织或者调解员工作业绩进行评价；等等。

《在线调解规则》第六条根据当前实践以及长远发展需要，对于外国人和港澳台地区居民参与在线调解以及调解案件范围作出规定。从实践情况看，广东、上海、福建、海南等地方法院已经探索开展这项工作。最高人民法院与中国侨联建立"总对总"涉侨纠纷在线诉调对接机制，与中央台办建立"总对总"涉台纠纷在线诉调对接机制，邀请外国调解员、台湾同胞调解员多元化解纠纷，充分发挥他们在解决纠纷中的专业优势、身份优势。

此外，《在线调解规则》第二十八条规定最高人民法院可以建立全国性特邀调解名册，供四级法院使用，地方法院对重大、疑难复杂且适宜调解的案件，可以邀请名册中的调解组织或者人员参与调解。高级、中级人民法院也可以建立区域性特邀调解名册，如长三角、粤港澳、京津冀等地区法院可以共同选任一批在线调解组织和调解员，建立共享调解资源库，提高解决纠纷质效。为推动专业行业调解，提高在线调解的精准化、精细化水平，形成特色在线调解品牌，对于婚姻家庭、劳动争议、道路交通、金融消费、证券期货、知识产权、海事海商、国际商事和涉港澳台侨等类型化纠纷，人民法院可以建立特殊特邀调解名册，邀请相关领域专家参与调解。

四、在线调解的程序规范

《在线调解规则》框架按照总体要求、在线调解程序、管理要求、其他四大部分划分。从条款数来看，总体要求有6条，在线调解程序有20条，管理要求有3条，其他1条为施行时间，在线调解程序占《在线调解规则》篇幅的1/3，是本次规范的重点内容。《在线调解规则》第七条至第二十六条按照在线调解工作流程，明确了在线调解的引导、启动、材料提交要求、在线调解受理条件、调解组织或者调解员的选定及更换、调解组织和人员接受委派委托调解、组织调解方式确定、调解协议、诉调对接、调解电子笔录、在线调解期限、在线调解程序终结等。

（一）在线调解的引导

引导可以由立案人员在立案前实施，对起诉到法院的当事人，通过告知在线调解的优势特点，为他们解决纠纷提供多元化渠道，也可以由审判人员在诉讼过程中，引导双方当事人通过在线调解方式解决纠纷。近年来，人民法院以建设现代化诉讼服务中心为契机，加强诉讼引导工作。《一站式意见》首次明确设立诉讼引导和辅导区，提供诉讼指引类服务。《"分调裁审"意见》要求全面开展调解分流工作，对起诉到人民法院的民事纠纷，除根据案件性质不适宜调解、已经调解但无法达成调解协议的外，应当在立案前向当事人发放是否同意调解确认书。

目前，许多地方法院在诉讼服务大厅张贴宣传海报、播放动漫视频、发放调解平台宣传手册等，告知在线调解具有便捷高效、省时省力、低成本、有保障等好处。同时，设立诉讼引导辅导岗，配备诉讼结果智能评估设备，提供纠纷智能评估结果，推送类似典型案例，由法院工作人员或者第三方志愿者对当事人的起诉进行调裁分流，适宜调解的，引导进行调解。告知可以采用口头、书面或者在线方式进行。《在线调解规则》增加了在线方式，主要是考虑当前网上立案已成常态，对于当事人网上提交起诉申请的，可以通过在线服务平台智能推送、12368热线人工服务等方式进行引导。

（二）在线调解材料的提交

在线调解材料的提交形式分为两种：一是当事人自行填写；二是系统推送。如对当事人现场提交的起诉材料，人民法院已经扫描录入审判流程管理系统，为避免当事人重复录入，可以直接将电子化起诉申请材料直接推送到调解平台，无须当事人重复提交。《在线调解规则》第八条明确申请在线调解需要填写的信息项，包括身份信息、纠纷简要情况、有效联系方式以及接收诉讼文书电子送达地址等，并为当事人上传电子化起诉申请材料以及相关证据材料提供入口。考虑到老年人等特殊群体不善于使用智能技术，为帮助解决"数字鸿沟"，对当事人填写或者提交电子化起诉申请材料确有困难的，可以由人民法院辅助当事人将纸质材料作电子化处理后导入调解平台。

（三）立案前在线调解申请的退回

《在线调解规则》第九条明确了立案前申请调解的条件，包括应当属于法院受案范围，与调解组织或者调解员建立邀请关系的法院对案件有管辖权，案件适宜在线调解。对于不符合条件的，退回申请。目前，立案前在线调解启动包括法院委派调解组织或者调解员调解，以及当事人通过调解平台提交在线调解申请。从实践情况看，绝大多数法院在立案前委派调解时，已经对纠纷是否属于法院受案范围、是否属于本院管辖作了初步判断。对符合案件受理条件的，才进行委派调解。这主要是考虑委派的权利来源以及后续司法保障问题。根据《民事诉讼法》的规定，起诉必须符合"原告是与本案有直接利害关系的公民、法人和其他组织；有明确的被告；有具体的诉讼请求和事实、理由；属于人民法院受理民事诉讼的范围和受诉人民法院管辖"四个条件，对于起诉到法院的民事纠纷，适宜调解的，才能先行调解。

因此，即便采用法院委派社会调解组织或调解员或者当事人选择平台上的调解组织或调解员的方式，也应当限定为对案件有管辖权法院邀请的调解组织或者调解员，避免出现当事人选择与有管辖权法院毫无关系的调解组织或者调解员，影响后续申请司法确认、请求制作调解书或者登记立案的效力。需要说明的是，这里只要求法院对纠纷有管辖权，并未限制调解组织或者调解员开展跨地域调解，只要调解组织或者调解员与有管辖权的法院建立邀请关系，就可以接受委派、组织调解。

（四）调解组织或者调解员的选定及更换

《在线调解规则》第十条、第十四条对调解组织和调解员的选定方式以及当事人申请更换的权利、法律后果等作出规定，并根据立案前一方当事人申请还是立案后双方当事人申请作出区分。在征求意见的过程中，有意见提出必须当事人共同选定。但对于立案前一方当事人申请，因不存在双方当事人共同选定的前提，为了快速推进调解进程，由法院指定更符合实践需要。同时，《在线调解规则》规定了当事人申请更换调解组织或者调解员的权利，即便一方当事人没有在指定环节参与，后续如果认为调解组织或者调解员不适宜调解，可以申请更换。

因此，第十条第一款规定立案前的调解，调解组织或者调解员由法院指定，但必须征求提起诉讼一方当事人意见。第二款规定立案后调解组织和调解员确定的原则，以当事人选择为主，法院指定为辅。法院指定包括两种情形：一是当事人同意由法院指定；二是在两个工作日内无法共同作出选择，为避免一方当事人利用调解恶意拖延，故由法院进行指定。同时，为避免法院久拖不决，第十条第三款规定法院指定调解组织或者调解员应当在收到当事人在线调解申请后三个工作日内进行。法院指定调解组织或者调解员后，

《在线调解规则》第十四条规定当事人可以申请更换，对于更换后仍不同意且拒绝自行选择的，视为拒绝调解。

（五）调解组织或者调解员及时接受及披露义务

考虑到线上调解不同于现场调解，法院工作人员或者当事人能够面对面确认调解组织或者调解员是否接受委派委托，故《在线调解规则》第十二条对于在线调解组织和调解员应当在收到人民法院委派委托调解信息或者当事人在线调解申请后三个工作日内确认法院接受委派委托或者当事人调解申请、不予接受的情形以及超期未予确认的法律后果作出规定。考虑到入驻调解平台的调解组织和调解员类型多样，多为公益性质，调解组织和调解员有各自擅长的调解领域，一些调解员属于兼职，一些调解组织资源有限，因此，对于纠纷不属于调解组织调解范围或者行业领域，明显超出调解员擅长领域，以及调解组织调解资源已经饱和或者具有其他不适宜接受情形的，调解组织或者调解员可以写明理由后不予接受，避免给调解组织或者调解员参与多元化解工作带来过重负担。

《在线调解规则》第十三条第一款首次规定调解组织和调解员应当披露的三种情形：是纠纷当事人或者当事人、诉讼代理人近亲属；与纠纷有利害关系；与当事人、诉讼代理人有其他可能影响公正调解的关系。在征求意见稿中规定的是信息披露与回避，即调解组织和调解员披露这些存在利益冲突的情形后，当事人有权申请其回避。但在讨论过程中，多数意见认为诉讼法上的回避制度主要针对审判人员，非诉讼调解与诉讼相比，具有灵活性特点。比如，在乡村社区或者行业协会的调解员，往往就是利用熟识双方当事人的身份优势促成调解，化解纠纷。因此，《在线调解规则》明确主持或者参与调解的人员有披露的义务，当事人有申请更换的权利，但对调解组织和调解员披露后当事人仍同意的，或者当事人明确知道调解组织、调解员具有以上三种情形，没有要求更换仍同意继续调解的，应当尊重当事人意愿，由该调解组织或者调解员继续调解。

（六）调解前的准备工作

《在线调解规则》第十五条第一款规定，对于当事人一方立案前调解的，调解员可以协助法院通知对方当事人，征询调解意愿。这主要考虑司法实践中，调解员往往帮助承担大量辅助性工作，包括调解意愿的征询、指导双方当事人填写《送达地址确认书》、记录无争议事实等，这一做法能够更好发挥调解人员作用，提高工作效率。《在线调解规则》第十六条对确认参与调解方式作了规定，既为愿意通过音视频方式调解的当事人提供平台，减轻他们诉累，特别是在常态化疫情防控形势下，通过音视频调解，让当事人不用千里奔波就能"云上"解纷，同时，对于不具备音视频技术条件的，为其在诉讼服务大厅等场所参与音视频调解提供便利条件。对于一方当事人通过手机、电脑开展调解，另一方在法院诉讼服务大厅视频调解室参与音视频调解，因双方都在调解平台上，亦属于音视频调解方式之一。对于双方都不具备音视频条件或者拒绝通过音视频方式调解的，可以组织现场调解。

（七）在线调解行为效力

考虑到调解过程中，各方当事人为了促成调解，可能会作出妥协或者让步，《在线调解规则》第十八条规定，当事人为达成调解协议作出妥协而认可的事实、证据等，不得在诉讼过程中作为对其不利的依据或者证据，但法律另有规定或者当事人均同意的除外。同时规定，当事人可以共同确认无争议事实。

关于无争议事实记载机制，2012年下发的《最高人民法院关于扩大诉讼与非诉讼相衔接的矛盾纠纷解决机制改革试点总体方案》首次规定："建立无争议事实记载机制。当事人未达成调解协议的，调解员在征得各方当事人同意后，可以用书面形式记载调解过程中双方没有争议的事实，并告知当事人所记载的内容。经双方签字后，当事人无需在诉讼过程中就已记载的事实举证。"2016年出台的《最高人民法院关于人民法院进一步深化多元化纠纷解决机制改革的意见》再次规定："调解程序终结时，当事人未达成调解协议的，调解员在征得各方当事人同意后，可以用书面形式记载调解过程中双方没有争议的事实，并由当事人签字确认。在诉讼程序中，除涉及国家利益、社会公共利益和他人合法权益的外，当事人无需对调解过程中已确认的无争议事实举证。"

从司法实践看，许多地方法院已经建立无争议事实记载机制，这对于固定调解成果、确认双方分歧焦点等具有积极作用。因此，《在线调解规则》对无争议事实记录、效力等作出规定。

（八）诉调对接机制

《在线调解规则》第二十条对调解成功的，区分立案前还是立案后分别作出规定。第二十一条对调解不成的，分别作出规定。同时，为了用好调解成果，规定调解组织或者调解员应当记录调解不成的原因及其他需要提示的情况，为法官后续审理提供参考。第二十五条对于在线调解程序终结的八种情形作出规定，包括调解成功达成调解协议、当事人自行和解等，也包括无法联系到当事人、当事人不愿意继续调解、当事人难以达成调解协议、当事人拒绝在调解协议上签章以及规定期限内未达成调解协议等，确保诉调顺畅对接，做到能调则调、当判则判，快速解决纠纷。

五、其他规定

（一）调解协议自动履行

《在线调解规则》第十九条、第二十条均规定当事人应当主动履行调解协议。调解工作要实现长效发展，并不能简单通过扩大司法确认范围，发挥司法保障作用来实现，应当更加注重培育调解组织的公信力，完善调解协议诚信履行机制。近年来，人民法院积极推动建立自动履行正向激励机制，引导当事人诚信履行调解协议。《"分调裁审"意见》中专门规定"促进非诉讼调解自动履行。非诉讼调解要注重调解内容的真实、合法和可执行性，做到权利义务主体明确、给付内容明确。建立非诉讼调解自动履行正向激励机制，通过将自动履行情况纳入诚信评价体系等，引导当事人主动履行、当场执行调解协议，及时就地化解矛盾纠纷"。浙江宁波法院率先推行自动履行机制，通过建立诚信履行名单，强化履约保障机制，在促进纠纷源头化解、减少调解衍生案件方面取得了很好效果。

（二）虚假调解行为的规制

近年来，虚假诉讼案件不断增多，花样翻新，破坏了正常诉讼秩序，侵害了他人合法权益，不利于经济社会持续健康发展。

为规制虚假诉讼、虚假调解等行为，《民事诉讼法》第一百一十五条规定："当事人之间恶意串通，企图通过诉讼、调解等方式侵害国家利益、社会公共利益或者他人合法权益的，人民法院应当驳回其请求，并根据情节轻重予以罚款、拘留；构成犯罪的，依法追究刑事责任。"《民事诉讼法解释》第一百四十四条规定:"人民法院审理民事案件,发现当事人之间恶意串通,企图通过和解、调解方式侵害他人合法权益的,应当依照民事诉讼法第一百一十二条①的规定处理。"

《在线调解规则》第二十三条对于虚假调解的表现形式以及审查要求作了规定,包括以下几个要件:一是虚假调解形式包括双方当事人恶意串通、虚构法律关系,申请确认调解协议效力、申请法院调解,也包括当事人基于捏造的事实获得调解书等。二是发现的环节是在人民法院审查司法确认申请或者出具调解书过程中。三是审查方式依照《民事诉讼法解释》第三百五十八条等规定,可以要求当事人提供相关证据,必要时,通知共同到场核实。四是对经审查认为构成虚假调解的,依照《民事诉讼法》等规定处理,发现涉嫌刑事犯罪的,及时移送有管辖权的机关。

(三)诉前鉴定评估与诉前调解的衔接

近年来,人民法院加快推进一站式建设工作,对于鉴定、评估等工作提出集约化要求。为促成调解,提高审判效率,最高人民法院出台的《委派调解意见》《"分调裁审"意见》等文件,均对诉前调解过程中的鉴定评估工作作出规定。从司法实践看,不少法院积极推进诉前鉴定评估工作,特别是在道交纠纷、医疗纠纷诉前调解过程中,开展诉前委托鉴定评估工作,增强了当事人对纠纷解决结果的可预见性,有效提高了调解成功率,促成调解自动履行。一些法院开展诉前鉴定后,审理期限缩短了60%。

此外,最高人民法院已经建立委托鉴定系统,实现委托鉴定网上流转、全程留痕、公开透明、可视监管。系统上线以来,截至2021年12月底,共有15301家专业机构入驻,累计在线委托鉴定69.9万件,覆盖827个案由和29项鉴定类别,鉴定后采信率达99.7%,平均周期比线下鉴定缩短37.1%。现在,在诉前鉴定应用较广的道路交通事故纠纷领域,道交平台与委托鉴定系统实现对接,可以开展鉴定前置工作。2022年,我们将加快调解平台与委托鉴定系统对接,目前正在研究起草诉前鉴定相关指导性文件。

《在线调解规则》第二十六条在总结司法实践基础上,对于诉前鉴定与诉前调解的衔接问题、证据效力等作出规定,明确诉前委托鉴定评估经人民法

---

① 现为《民事诉讼法》(2023年修正)第一百一十八条。

院审查符合法律规定的,可以作为证据使用。

(四)在线调解组织和调解员行为规范

为进一步规范调解组织和调解员在线调解活动,提高调解质量,《在线调解规则》第二十九条明确对以下五类情形当事人可以投诉。

一是强迫调解。调解应当坚持自愿原则。根据《民事诉讼法》规定,调解达成协议,必须双方自愿,不得强迫。

二是无正当理由多次拒绝接受人民法院委派委托或者当事人调解申请。考虑到司法实践中,个别法院为了增加调解员数量,将一些无法开展调解工作的人员纳入平台,影响了调解成功率和调解质效,为激活调解队伍,对于无正当理由多次拒绝的,法院可以不再纳入在线调解队伍。

三是接受当事人请托或者收受财物。调解员应当依法中立公正开展工作,不得索取、收取当事人财物或者牟取其他不正当利益。

四是泄露调解过程、调解协议内容以及调解过程中获悉的国家秘密、商业秘密、个人隐私和其他不宜公开的信息,但法律和行政法规另有规定的除外。诉讼法规定调解过程和调解协议的内容不得公开。对泄露调解过程、调解协议内容以及调解过程中获悉的国家秘密、商业秘密、个人隐私和其他不宜公开的信息,当事人可以投诉。

五是其他违反调解职业道德应当作出处理的行为。当事人认为在线调解组织或者调解员存在这些不当行为的,可以向法院进行投诉,由法院进行核查,视情形作出解聘等相应处理,并告知主管部门。

(撰稿人:钱晓晨 刘雪梅 徐德芳)

第三部分 司法观点

一、诉讼调解

1.先行调解的案件范围以家事纠纷、相邻关系、小额债务等适宜调解的七类纠纷

4.进一步强化民事案件调解工作。各级法院特别是基层法院要把调解作为处理民事案件的首选结案方式和基本工作方法。对依法和依案件性质可以调解的所有民事案件都要首先尝试通过运用调解方式解决，将调解贯穿于民事审判工作的全过程和所有环节。

对《最高人民法院关于适用简易程序审理民事案件的若干规定》第十四条规定的婚姻家庭纠纷、继承纠纷、劳务合同纠纷、交通事故和工伤事故引起的权利义务关系较为明确的损害赔偿纠纷、宅基地和相邻关系纠纷、合伙协议纠纷、诉讼标的额较小的民事纠纷，在开庭审理时应当先行调解。但是根据案件的性质和当事人的实际情况不能调解或者显然没有调解必要的除外。

——《最高人民法院关于进一步贯彻"调解优先、调判结合"工作原则的若干意见》(2010年6月7日，法发〔2010〕16号)(节选)。

27.探索建立调解前置程序。探索适用调解前置程序的纠纷范围和案件类型。有条件的基层人民法院对家事纠纷、相邻关系、小额债务、消费者权益保护、交通事故、医疗纠纷、物业管理等适宜调解的纠纷，在征求当事人意愿的基础上，引导当事人在登记立案前由特邀调解组织或者特邀调解员先行调解。

——《最高人民法院关于人民法院进一步深化多元化纠纷解决机制改革的意见》(2016年6月28日,法发〔2016〕14号)(节选)。

本条明确要求人民法院积极探索适用调解前置程序的纠纷范围和案件类型,并列举了家事纠纷、相邻关系、小额债务、消费者权益保护、交通事故、医疗纠纷、物业管理等适宜调解的七类纠纷,提出有条件的基层人民法院可以引导当事人立案前先行调解。各法院要抓住立案阶段诉讼源头的有利时机,积极开展立案前调解前置程序工作。根据实践总结,可优先考虑对这七类案件在立案阶段进行先行调解。

一是家事纠纷。包括离婚、"三费"(抚养费、抚育费、赡养费)、继承、分家析产、抚养权等涉及婚姻家庭关系的纠纷。这类纠纷当事人之间存在着特殊的身份关系,涉及更深层的情感、心理等复杂因素,其特性更接近调解程序协商对话、互谅互让等精神内核。2015年各级人民法院审结一审民事案件622.8万件,其中婚姻家庭、抚养继承等案件就有173.3万件,占27.8%。家事案件不仅数量巨大,而且案件类型也日趋多样化,各级法院要结合司法实践对家事纠纷中哪些类型的纠纷适宜调解做进一步深入研究和区分。

二是相邻关系纠纷。这类纠纷当事人基于居住在同一地域范围内,地缘关系紧密,所谓邻里之间"低头不见抬头见",更希望能够建立和睦的邻里关系,适宜以调解方式解决。

三是小额债务纠纷。此类纠纷涉及当事人的经济利益相对较小,法律关系也相对简单,采取调解方式快速解决纠纷,有助于及时解决当事人之间的经济利益纷争,树立诚信意识、稳定社会秩序。司法实践中,小额买卖、借贷等纠纷调解成功率也较高。

四是消费者权益保护纠纷。在现代经济社会,每个人都是消费者,消费者权益保护纠纷每天都在大量发生。消费者权益保护纠纷涉及公民日常生活的品质,甚至安全,重要性不容忽视。以调解方式解决消费者权益保护纠纷有助于及时维护消费者权益,帮助生产者、消费者、服务提供者提升产品品质、加强管理、提升服务质量。但对于以调解方式解决消费者权益保护纠纷是否妥当,有不同的看法。一种观点认为,消费者权益纠纷是一种"非平等主体"的生产者与消费者之间产生的纠纷,在这种不公平的前提下,不适宜用双方当事人合意达成调解来解决纠纷。同时，消费者权益保护纠纷范围非常广泛，是否所有的消费者权益保护纠纷都适宜调解值得思考，调解的保密性是否会给商家隐瞒其产品、服务中的瑕疵留下了可乘之机，从而损害其他不知情消费者的权益。因此，各级法院在实践中要注意细化消费者权益保护纠纷的类别，逐步从中甄选出适宜调解的类型，尤其要慎重处理涉及公益的消费者权益保护纠纷。

五是交通事故纠纷，包括交通事故人身损害赔偿纠纷和交通事故财产损害赔偿纠纷。2004年道路交通安全法取消交警调解前置程序处置机制的规定。2011年修订的《道路交通安全法》第七十四条规定，"对交通事故损害赔偿的争议，当事人可以请求公安机关交通管理部门调解，也可以直接向人民法院提起民事诉讼。经公安机关交通管理部门调解，当事人未达成协议或者调解书生效后不履行的，当事人可以向人民法院提起民事诉讼。"这种双轨制的规定导致道路交通事故案件大量涌入法院。此类纠纷涉及当事人人身、财产损害赔偿，当事人往往急需救济，对纠纷解决时效性要求较高，与调解程序灵活、简便、高效的特点相契合。此类纠纷受害人的损失往往可以通过交强险、第三者责任险、商业险得到一定赔偿，因此法院在调解过程中要加强与交通管理部门保险公司的对接，设置调解前置程序，有利于促进纠纷及时高效化解。

六是医疗纠纷。此类纠纷关涉当事人生命权、健康权和身体权，属于关涉重大民生的纠纷。当前医患关系紧张、医患纠纷频发，建立健全医疗纠纷调解前置程序机制，以医疗鉴定、专家评估等为依据加大诉前调解力度，能够稳妥化解此类纠纷，推动构建和谐医患关系。

七是物业类纠纷。物业纠纷主要包括物业公司起诉业主欠缴物业费、供暖费纠纷、新老物业企业交替产生的纠纷、因物业公司服务不到位引发的纠纷等。这类纠纷与老百姓的日常生活质量休戚相关，且往往牵涉一个小区业主的整体利益，容易引发群体性事件。同时，通过诉讼只能解决一个年度或几个年度的物业费欠缴问题或者个别性问题，容易在业主和物业公司之间形成积怨，不利于纠纷根本解决。以平等协商的调解方式解决业主与物业公司之间纠纷，有助于物业公司改进服务，业主自觉履行交纳物业费等费用的义务，形成和谐社区关系。

此外，一些专业性较强的类型化纠纷，如金融、保险、电子商务、知识产权纠纷等。这类纠纷市场化程度高，相关行业协会等社会自治管理组织的发育也较为成熟，可以充分发挥行业协会调解等非诉讼方式的积极作用，有利于实现纠纷双方的合作共赢，也有利于构建行业运行秩序。各级法院要结合本地区、本院实际，积极拓展调解前置程序适用范围，注重个案区别对待，提高调解前置程序的适用率和成功率。

对于当事人递交的起诉材料，人民法院应在审查案件符合立案条件的基础上，开展调解前置程序引导工作，告知当事人纠纷将转入立案前调解前置程序进行先行调解，起诉人明确表示拒绝调解的，要及时登记立案。针对法院开展多元调解面临"案件导出难"问题，人民法院要积极开展多元调解的宣传引导工作，一方面要制作多元调解的展板、宣传手册等在立案大厅摆放，通过媒体加大多元调解的宣传力度，让更多的群众了解并接受多元调解方式；另一方面立案法官要加强对当事人进行多元调解的个案引导，法院可以制定一些多元调解工作引导指南帮助法官提高引导水平，同时可将立案法官引导多元调解的案件量纳入考核，提高立案法官引导的积极性。

应当说明的是，本条要求探索调解前置程序，但不能违反当事人自愿原则，不能等同于国外有些国家的强制调解。调解前置程序只是规定对适宜调解的特定类型的纠纷进行先行调解，要求当事人先通过诉讼外调解方式予以解决。如果调解前置程序无法解决纠纷，当事人可以要求依审判程序处理。

——李少平主编：《最高人民法院多元化纠纷解决机制改革意见和特邀调解规定的理解与适用》，人民法院出版社2017年版，第250~252页。

2.事实清楚，法律关系明确，保障当事人的权利等因素可以作为径行调解案件的尺度

第一，正确把握对径行调解的前提"事实清楚"的认定。调解的核心是尊重当事人的处分权，只要调解协议合法，不违反自愿原则，就应当支持。径行调解要求事实清楚的主要目的是防止当事人恶意串通，损害国家利益、社会公共利益和案外人合法权益。在此基础上，应当允许当事人处分自己的权利，所以径行调解的前提不要求全部事实完全清楚。

第二，对可以径行调解案件尺度的具体把握。在司法实践中，要科学把握适用径行调解方式处理案件的基础和条件，根据各类案件的不同性质、具体情况、当事人的利益诉求，科学灵活地把握适用径行调解的条件。决不能为调而调，对于有径行调解可能的，要认真调解；对于根本没有径行调解可能的，要及时转入其他方式处理。

第三，适用径行调解不完全等同先行调解。《最高人民法院关于适用简易程序审理民事案件的若干规定》第十四条规定："下列民事案件，人民法院在开庭审理时应当先行调解：（一）婚姻家庭纠纷和继承纠纷；（二）劳务合同纠纷；（三）交通事故和工伤事故引起的权利义务关系较为明确的损害赔偿纠纷；（四）宅基地和相邻关系纠纷；（五）合伙合同纠纷；（六）诉讼标的额较小的纠纷。但是根据案件的性质和当事人的实际情况不能调解或者显然没有调解必要的除外。"也就是说，这些案件类型中，并不是所有案件都可以适用径行调解，只有法律关系明确和事实清楚的，并且在征得当事人同意的条件下，才可以径行调解。

第四，对复杂案件不适用径行调解，但并非不能进行调解。我们认为，对于事关民生和群体利益、需要政府和相关部门配合的案件，可能影响社会和谐稳定的群体性案件、集团诉讼案件、当事人之间情绪严重对立的案件，相关法律法规没有规定或者规定不明确、适用法律有一定困难的案件等相对复杂的案件，也可以在符合法定条件的情形下，适用调解程序，不放弃任何调解机会和调解成功的可能，以有效缓和当事人之间的对立情绪，排查不稳定因素，促进当事人之间矛盾化解，维护社会和谐稳定。

第五，法律关系不明确、事实难以查清的案件不适用径行调解，但并不妨碍其他形式调解的适用。因为此类案件的审理往往很困难，调解解决则更有利于彻底解决纠纷。我们认为，人民法院对当事人自愿调解的民事案件，应当调解，特别是以下案件都可以在征求当事人的意愿后进行调解：涉及群体利益，需要政府和相关部门配合的案件；人数众多的共同诉讼、集团诉讼案件；案情复杂，当事人之间情绪严重对立，且双方都难以形成证据优势的案件；相关法律法规没有规定或者规定不明确，在适用法律方面有一定困难的案件；敏感性强、社会关注程度大的案件；申诉复查案件和再审案件。

第六，适用径行调解中应当保障当事人的权利，不能为了片面追求径行调解而强迫调解。对于不能径行调解的案件，一味地适用调解未必是最佳解决途径，强化调解反而会引发当事人对法院和法官的不满与质疑。当然，具体到某个案件，是径行调解还是以其他方式处理，应当从案件的实际情况出发，结合审判实践来处理。径行调解中，法官要着重保障当事人尤其是债权人的诉讼权利和实体权益，避免强迫或变相强迫当事人接受调解。特别是对法律关系明确，事实清楚的案件，一味强化调解会向义务人传递出无须充分履行义务的有利预期。长此以往，势必挫伤权利人的维权意识，消解义务人充分履行义务的规则意识，不利于在社会秩序中形成规则之治。所以要根据案件的涉及面、影响面，案情是否查清，当事人是否接受调解、是否为社会转型中新类型案件和政策界限不明或具有较强政策性等情形来确定。

——最高人民法院民法典贯彻实施工作领导小组办公室编著：《最高人民法院新民事诉讼法司法解释理解与适用》，人民法院出版社2022年版，第352~353页。

3.婚姻关系等身份关系确认案件以及其他根据案件性质的不得进行调解

第一，婚姻关系等身份关系确认案件不得调解，但非婚姻、身份确认外的其他类型案件除法律另有明确规定外，可以进行调解。比如，根据《民事诉讼法》第一百零一条的规定，人民法院可以调解维持收养关系。

第二，对"其他根据案件性质，不能进行"调解的把握。这里包括不能进行调解和不宜进行调解的情形。不能进行调解的是一种客观情形，主要是指其他法律的明确规定。比如，婚姻效力等依案件性质不能进行调解的民事案件和当事人的实际情况不能调解的案件。不宜调解的是一种主观情形。当前，民事纠纷呈现出主体多元、诉求多样的特征，相应地也要求解决纠纷的渠道和形式的多元。不宜进行调解的情形包括：（1）当事人均坚决反对调解，没有调解意愿和诚意，或者双方意见差别很大；（2）调解之后效果不好，比如一方当事人假调解之名行转移、变卖和隐匿财产之实，企图侵害对方当事人实体权益或借故拖延诉讼，侵害当事人程序利益的；（3）社会关注需要发挥司法的评价、教育、预测等功能，需要为社会公众确立行为规则和行为导向的案件，特别是在有利于形成新的市场交易规则、规范商事行为、倡导诚信经营的商事案件中，调解就消解了司法本应发挥的示范性功效。诸如此类情况，当事人又不同意调解或者没有调解意愿的，就应坚决采取判决等其他解纷方式。

——最高人民法院民法典贯彻实施工作领导小组办公室编著：《最高人民法院新民事诉讼法司法解释理解与适用》，人民法院出版社2022年版，第354~355页。

4.认识调解应符合自愿原则的四个要点

在调解中贯彻自愿原则需要做到四个方面：一是调解程序的启动应以当事人自愿为前提；二是调解协议的内容应在双方自愿同意的情况下达成，如是否存在当事人在违背真实意思的情况下签订调解协议、调解协议显失公正、调解组织或者调解员强迫调解或者与案件有利害关系的情况等情形；三是调解程序的终结应当尊重当事人的自愿；四是法官要保证居于中立地位。

——最高人民法院民法典贯彻实施工作领导小组办公室编著：《最高人民法院新民事诉讼法司法解释理解与适用》，人民法院出版社2022年版，第361页。

5.委托代理诉讼特别授权要列明授权事项

当事人提交的授权委托书仅写"全权代理"而无具体授权的，诉讼代理人无权代为承认、放弃、变更诉讼请求，进行和解，提起反诉或者上诉。口头委托记入笔录的应当明确授权事项。如果仅笼统地表明"全权代理"而无具体授权内容，则法律上只认为系一般授权代理，诉讼代理人无权代理参加和解、调解活动。

——最高人民法院民法典贯彻实施工作领导小组办公室编著：《最高人民法院新民事诉讼法司法解释理解与适用》，人民法院出版社2022年版，第366页。

6.有合法特别授权的委托诉讼代理人在诉讼中的法律行为效力的认定

旭某实业(河源)有限公司、蔡某权与林某湖、张某麟、河源中某商贸有限公司股权转让纠纷案〔最高人民法院(2021)最高法民申4204号民事裁定书〕

裁判要旨：委托权限为特别授权的委托诉讼代理人，在有相应授权的情况下有权代表当事人进行和解。授权当事人未提供证据证明委托诉讼代理人所代理的调解并非其真实意思表示的情况下，该调解依法有效。

最高人民法院经审查认为，《民事诉讼法》第二百零一条①规定："当事人对已经发生法律效力的调解书，提出证据证明调解违反自愿原则或者调解协议的内容违反法律的，可以申请再审。经人民法院审查属实的，应当再审。"结合河源旭某公司及蔡某权的申请再审事由和原审查明的事实，本案争议焦点为二审阶段达成的调解是否违反自愿原则。

首先，河源旭某公司和蔡某权主张，调解协议系其代理人所签，而代理人未与其充分沟通调解内容，故调解并非其真实意思表示。《民事诉讼法解释》第一百四十七条第一款规定："人民法院调解案件时，当事人不能出庭的，经其特别授权，可由其委托代理人参加调解，达成的调解协议，可由委托代理人签名。"本案中，河源旭某公司与蔡某权分别于2019年6月17日和2019年6月18日委托郭某宾、黄某芳作为其代理人，委托权限为特别授权，即郭某宾、黄某芳有权代表河源旭某公司与蔡某权进行和解。蔡某权作为中国香港居民，其委托手续于2019年6月18日经中华人民共和国广东省河源市河源公证处公证。二审庭审中，郭某宾、黄某芳代表河源旭某公司与蔡某权到庭，并在调解笔录上签名，而河源旭某公司和蔡某权未提供证据证明代理人未与其充分沟通调解内容，故其关于调解并非其真实意思表示的主张理据不足，不予采信。

其次，河源旭某公司和蔡某权主张，曾某勇假冒中某公司员工参与调解，故该调解书不能发生效力。第一，曾某勇的代理行为是否无效未经生效的法

---

① 现为《民事诉讼法》(2023年修正)第二百一十二条。

律文书确认，最高人民法院不予认定。第二，中某公司并未提交任何书面意见否定调解书中确认的义务。在河源旭某公司和蔡某权的二审诉讼代理人到庭参加调解并确认调解协议系当事人的真实意思表示的情况下，曾某勇的代理行为是否无效，并不影响河源旭某公司和蔡某权根据调解书对林某湖、张某麟履行义务，亦未对河源旭某公司和蔡某权的合法权益造成损害，故河源旭某公司和蔡某权以中某公司的代理无效、未参加调解为由主张二审调解书应予撤销，缺乏事实和法律依据，不予支持。

——中国裁判文书网。

7.应准许自愿的调解协议超出当事人的诉讼请求

只要是当事人自愿，调解协议内容超出诉讼请求的，人民法院可以准许。当事人之间可能会有多个纠纷，在协商解决其中一个纠纷时，他们也会对各项法律关系的解决一并予以考虑和协商，以达成"一揽子协议"。这样"一揽子协议"的内容可能就会超出当事人的诉讼请求范围，只要出于当事人的自愿而达成，且超出诉讼请求范围的调解协议内容经人民法院审查不侵害国家、集体和他人合法权益，不违反法律强制性规定，就可以确认该调解协议合法有效。

——最高人民法院民法典贯彻实施工作领导小组办公室编著：《最高人民法院新民事诉讼法司法解释理解与适用》，人民法院出版社2022年版，第361页。

8.考察调解符合合法原则的两个要点包括实体合法性和程序合法性

合法性包括实体合法性和程序合法性。前者要求合法体现在调解协议内容的公正和不违反法律、行政法规禁止性规定两方面。而后者则一般从调解的方式、程序、内容来确定：一是考虑调解协议的达成是否违法。在法律允许的幅度内，当事人可以自由处分自己的权利，因此不要求调解协议必须严格依法制定，只要不违反法律强制性规定，就属于当事人意思自治的范围。二是考虑调解协议是否内容明确，是否可以获得现实的强制执行力，如果执行内容不明确和规范，调解协议也就没有多大意义。比如，在调解过程中要考虑到义务人履约的能力、是否需要调解书履行保证条款、财产保全等措施来增强调解协议的可执行性，是否会致使履行过程中，又滋生新的矛盾等。

——最高人民法院民法典贯彻实施工作领导小组办公室编著：《最高人民法院新民事诉讼法司法解释理解与适用》，人民法院出版社2022年版，第361页。

9.调解及时性并不单纯采取时间予以限制应综合界定

《民事诉讼法》第一百零二条规定："调解未达成协议或者调解书送达前一方反悔的，人民法院应当及时判决。"但并未具体规定民事调解的期限。对民事调解的期限不作具体规定可以防止法官由于期限的压力而在事实不清、情况不明的情形下匆忙调解结案。但是对调解的期限不作具体规定，一方面，可能导致一方当事人通过选择调解拖延案件的审理；另一方面，法官也可能为了提高个人的调解率而故意拖延调解时间，使当事人在心理上造成疲倦，不得不接受调解结案，从而违背了调解制度设立的初衷。为了防止调解期限过短，法官作出任意判决或者调解期限过长而使调解期限的规定如同虚设，《民事诉讼法解释》中"当事人一方或者双方坚持不愿调解的，应当及时裁判"，确立了"及时"制度。但是否"及时"并不能单纯采取时间上的概念予以明确，而应当综合界定。比如，当事人不同意调解或者在商定、指定时间内不能达成调解协议的，人民法院应当依法及时立案。立案阶段的调解应当坚持以效率、快捷为原则，避免案件在立案阶段积压。又如，对当事人虚假诉讼或者假借调解拖延诉讼的，应依法及时制止并作出裁判；对一方当事人提出的方案显失公平，勉强调解会纵容违法者、违约方，且使守法者、守约方的合法权益受损的，应依法及时裁判；对调解需要花费的时间精力、投入的成本与解决效果不成正比的，应依法及时裁判；对涉及国家利益或者社会公共利益的案件，具有法律适用指导意义的案件，或者对形成社会规则意识有积极意义的案件，应注意依法及时裁判结案，充分发挥裁判在明辨是非、规范行为、惩恶扬善中的积极作用。这些都是《民事诉讼法解释》中的"及时"。

——最高人民法院民法典贯彻实施工作领导小组办公室编著：《最高人

民法院新民事诉讼法司法解释理解与适用》，人民法院出版社2022年版，第361~362页。

10.调解过程不公开，但不能关闭法庭上的录音录像设备

全国法院大力推进司法公开，许多法庭都安装了先进的录音录像设备，对庭审全过程进行录音录像。但调解是在法院组织主持下，当事人就权利义务进行协调、处分的过程，一方面，当事人可能为达成调解协议作出让步、承认于己不利的事实甚至涉及商业秘密、当事人隐私等内容，如果对调解的过程也进行录音录像，容易造成调解过程公开，可能有损当事人利益，这样看，录音录像是不必要的。但另一方面，调解过程是需要主持调解人员的规范和合法，通过录音录像来维护与验证人民法院的公正形象和正当性。在这两者的冲突下，不能关闭法庭上的录音录像设备，仅是这些录音录像资料不能对外公开而已。

——最高人民法院民法典贯彻实施工作领导小组办公室编著：《最高人民法院新民事诉讼法司法解释理解与适用》，人民法院出版社2022年版，第365页。

11.正确认识调解保密的例外情形

调解保密并不是绝对的，调解如果存在下列情形，当然没有保密的义务：（1）双方当事人均同意的。调解是合意型纠纷解决方式，当事人可以自由处分自己的权利，放弃调解保密性的保护未尝不可。（2）第三人主张的信息。调解协议约束双方当事人，但是对案外第三人不产生约束力。一旦第三人在诉讼过程中提出调解信息，法官就不受调解保密性的约束而可采纳为证据。（3）先前存在的调解信息。调解过程中经常会出示事先存在的事实、声明、文件以及其他证据，这些调解信息不经过调解程序也可以获悉，特别是信息是公共记录或者公共文件的，此时就没有保密的必要。（4）为保护国家利益、社会公共利益、案外人合法权益，人民法院认为确有必要的，那么调解信息的保密应当予以解除。比如，调解信息涉及当事人意图犯罪或者实施有害行为或者正在实施犯罪或有害行为，如果仍然适用调解保密性，就会纵容犯罪或者有害行为的发生,导致社会公共利益受到侵蚀。此时,法官可以将关涉公共利益的信息采纳作为证据。(5)法律另有明确规定的。

——最高人民法院民法典贯彻实施工作领导小组办公室编著:《最高人民法院新民事诉讼法司法解释理解与适用》,人民法院出版社2022年版,第365页。

12.如何认定调解书的签收日与生效日

第一,调解书的签收日与生效日。调解书的签收日既可以是调解书的生效日期,也可以不是调解书的生效日期。人民法院可以当庭告知当事人到人民法院领取民事调解书的具体日期,在领取日签收调解书为调解书生效日期。依照《民事诉讼法》第一百零一条第一款第四项的规定,在当事人达成调解协议的次日起十日内将民事调解书发送给当事人,[①]达成调解协议的日期为调解书的生效日期,而发送调解书的日期或者收到调解书的日期并不是其生效日期。如果当事人以民事调解书与调解协议的原意不一致为由提出异议,人民法院审查后认为异议成立的,应当根据调解协议裁定补正民事调解书的相关内容。[②]调解协议达成日期为调解书生效日期,而作出补正民事调解书的裁定日期或送达该补正裁定的日期不是生效日期。

第二,未经当场协商,而采取书面传阅形式达成的调解协议制作调解书的生效日期的认定。当事人通常情形下是通过当场协商达成一致的调解意见,但也存在部分当事人因特定情形未到场协商,[③]而事后予以追认的。如果符合《民事诉讼法》第一百零一条第一款第四项的规定,参照《民事诉讼法解释》规定,应当以最后一位当事人签收日期为调解协议的生效日期。当事人申请制作调解书的,调解书的送交日不是生效日期。如果需要送达调解书,应当以最后一位承担权利义务的当事人签收调解书的日期为调解书生效日期。

——最高人民法院民法典贯彻实施工作领导小组办公室编著:《最高人民法院新民事诉讼法司法解释理解与适用》,人民法院出版社2022年版,第

[①] 参见《最高人民法院关于适用简易程序审理民事案件的若干规定》第十六条。
[②] 参见《最高人民法院关于适用简易程序审理民事案件的若干规定》第十七条。
[③] 当事人因路途遥远、在国外、有其他更重要的事项办理等而未到场协商。

369页。

13.调解书或调解协议生效后当事人反悔，法院不符合另行作出判决

岳阳市某房地产开发有限公司与岳阳某置业投资有限公司、湖南某工程有限公司建设用地使用权转让合同纠纷案［最高人民法院（2014）民提字第104号民事判决书］

裁判要旨： 诉讼中达成的调解协议性质不同于一般民事合同，其与诉讼密切相关，虽是为解决已发生的诉讼纠纷而由各方当事人自愿达成的协议，但其以法院调解书的形式表现出来，才具有强制执行力，在法院制作的调解书送达之前，签订调解协议的当事人有反悔的权利。

最高人民法院认为：本案当事人争议的焦点问题是：某投资公司要求某房地产公司履行双方当事人在另案中达成的《调解协议书》，是否具有法律依据。

某投资公司提起本案诉讼依据的是其与某房地产公司、某工程公司三方在某工程公司诉某房地产公司建设工程施工合同纠纷案件中达成的《调解协议书》，《调解协议书》的性质和效力，决定了各方当事人是否应受《调解协议书》约束并履行相关义务。

从本案查明的事实来看，某房地产公司和某工程公司虽在另案建设工程施工合同纠纷中与某投资公司共同签订了《调解协议书》，但各方并未约定协议签订后即生效，而是在该协议中明确约定"本调解协议经甲乙丙三方签字，岳阳市中级人民法院认定后生效，由岳阳市中级人民法院制作调解书"。因此，在一审法院依法制作调解书并送达当事人之前，涉案《调解协议书》不发生法律效力。虽然某投资公司依据《调解协议书》履行了大部分的付款义务，某房地产公司也接受了某投资公司支付的款项，但当事人的上述履行行为并不能产生改变

《调解协议书》中有关经"岳阳市中级人民法院认定后生效"的法律后果。如果是当事人以实际行为改变了《调解协议书》的约定并自愿履行完毕，理应由某工程公司向一审法院申请撤诉从而终结原有的诉讼，但实际情况是某工程公司并未申请撤诉，建设工程施工合同纠纷也未了结。在某工程公司

与某房地产公司之间的工程款纠纷尚无定论的情况下，二审法院径直判令当事人履行以某房地产公司欠付某工程公司工程款为调解基础的《调解协议书》显属不当。

从《调解协议书》的内容来看，签订的三方主体明确《调解协议书》是为处理某半岛建设工程合同结算、工程款支付、土地折价抵偿工程款等问题所达成，并约定某房地产公司履行约定义务后某工程公司撤诉，《调解协议书》中关于某房地产公司将涉案土地使用权转让给某投资公司并将土地使用权证办至某投资公司名下，是某工程公司不再主张工程款的一个条件，涉案土地转让的目的是抵偿某工程公司工程款，并非一个独立的土地使用权转让合同。某投资公司作为工程款欠款纠纷之外的当事人加入调解，系《调解协议书》三方当事人的真实意思表示，不违反法律关于诉讼中调解的规定，也没有改变《调解协议书》的目的和性质。某房地产公司和某投资公司在《调解协议书》签订的同时，又签订了一份《补充协议》，《补充协议》是为了保证《调解协议书》履行而约定的细则，属于《调解协议书》的附件，不能取代《调解协议书》而形成独立的土地使用权转让合同。

——中国裁判文书网。

调解书经法定程序送达生效后或调解协议经记入调解笔录由各方当事人、审判人员、书记员签字或盖章生效后，当事人反悔的，人民法院不得另行作出判决。此时，调解书或调解协议已经发生法律效力，当事人必须受其约束。当事人有异议的，如果确有证据证明调解违反自愿原则或者调解协议的内容违反法律，只能通过审判监督程序解决。

——江必新主编：《新民事诉讼法条文理解与适用》，人民法院出版社2022年版，第465页。

14.民事调解书能否公告送达

根据《民事诉讼法》第八十四条①第一款的规定，受送达人下落不明，或者适用民事诉讼法第七章第二节规定的直接送达、留置送达、邮寄送达等方

---

① 现为《民事诉讼法》（2023年修正）第九十五条。

式无法送达的,公告送达。自发出公告之日起,经过六十日,即视为送达。从该条款的规定来看,并没有规定民事调解书不能够公告送达。

《最高人民法院关于适用简易程序审理民事案件的若干规定》第十五条规定,调解达成协议并经审判人员审核后,双方当事人同意该调解协议经双方签名或者捺印生效的,该调解协议自双方签名或者捺印之日起发生法律效力。据此,在适用简易程序审理的案件中,生效的调解书也可能存在用直接送达、留置送达、邮寄送达等方式不能送达的情况,这时就需要采用公告送达的方式进行送达。

在采用普通程序审理的民事案件中,参照上述司法解释的规定,调解达成协议并经审判人员审核后,双方当事人同意该调解协议经双方签名或者捺印生效的,该调解协议自双方签名或者捺印之日起发生法律效力。发生法律效力的调解书也存在需要公告送达的情形。

有的案件一审时,人民法院对该当事人采用公告送达的方式送达判决书。根据判决书的主文,该当事人不承担民事责任。其他当事人上诉,最后二审法院调解结案。根据调解书的内容,该当事人不承担民事责任。这样,对该当事人也应当用公告送达的方式送达调解书。

如果调解书中没有"双方当事人同意该调解协议经双方签名或者捺印生效的"或者类似表述,那么按照《民事诉讼法》第八十九条[①]第三款的规定,该调解书还不具有法律效力。这类没有生效的调解书就不能采用公告送达的方式送达。

——最高人民法院民事审判第一庭编:《民事审判指导与参考》2008 年第 2 辑(总第 34 辑),法律出版社 2008 年版,第 185 页。

15.对于已生效调解书可以适用留置送达,未生效调解书则不适用留置送达

根据《民事诉讼法》第八十九条[②]第三款的规定,调解书必须经双方当事人签收后,才具有法律效力。当事人拒绝签收的,调解书不生效。基于此

---

① 现为《民事诉讼法》(2023 年修正)第一百条。
② 现为《民事诉讼法》(2023 年修正)第一百条。

《最高人民法院关于适用〈中华人民共和国民事诉讼法〉若干问题的意见》的通知才在第八十四条①规定调解书不适用留置送达。但随着最高人民法院于2003年《简易程序规定》和2004年《调解工作规定》的颁布，司法解释又规定了一类新的民事调解书，这类民事调解书在送达当事人之前就已经生效。在案件的审理过程中，如果双方当事人同意调解协议经双方签名或者捺印生效，该调解协议自双方签名或者捺印之日起发生法律效力。这时人民法院应当根据已生效的调解协议另行制作民事调解书，调解书中载明"双方当事人同意该调解协议经双方签名或者捺印生效的"或者类似表述，此时该调解书已经是生效的裁判文书，当事人拒收调解书的，不影响调解协议的效力。调解协议生效后一方拒不履行的，另一方可以持民事调解书申请强制执行。不难看出，这类新规定的调解书不经送达当事人就已经发生法律效力，当事人拒绝签收该调解书的，不影响该调解书的效力，所以，从这个角度上说，对此类的调解书可以适用留置送达。而对于没有"双方当事人同意该调解协议经双方签名或者捺印生效的"或者类似表述的调解书，按照《民事诉讼法》第八十九条②第三款的规定，该调解书还不具有法律效力。这类没有生效的调解书是不能适用留置送达的。因此，我们认为，根据现行法律和司法解释的规定，调解书在送达之前可以分为已生效调解书和未生效调解书，对于已生效调解书可以适用留置送达，而对于未生效调解书则不适用留置送达。

——《人民司法·应用》2008年第15期（总第554期）。

16.调解书可以有条件地适用电子送达

人民法院依照《民事诉讼法》第九十条第一款的规定，采用电子方式向当事人送达调解书的，以送达信息到达受送达人特定系统的日期为送达日期。在调解书需经当事人签收后才发生法律效力的场合，如果最后收到调解书的当事人的送达方式为电子送达，则应当以送达信息到达其特定系统的日期为调解书生效日期。

——最高人民法院民法典贯彻实施工作领导小组办公室编著：《最高人

---

① 已失效。
② 现为《民事诉讼法》(2023年修正)第一百条。

民法院新民事诉讼法司法解释理解与适用》，人民法院出版社2022年版，第369页。

17.当事人在空白送达回证上签收调解书的效力

实务中存在当事人达成调解协议，而申请人民法院制作调解书，但调解书制作需要经过一定程序，而当事人因紧急原因，不能等待领取正式制作的调解书，从而在空白送达回证上签字的情形。因为当事人已经达成调解协议，其在空白送达回证上签名的行为，应当视为已经签收调解书。

——最高人民法院民法典贯彻实施工作领导小组办公室编著：《最高人民法院新民事诉讼法司法解释理解与适用》，人民法院出版社2022年版，第369页。

18.无独立请求权的第三人具有达成调解协议后的反悔权

无独立请求权的第三人需要承担责任的，在判决中与当事人具有同等诉讼地位。但第三人经调解同意承担责任，因为其没有参加之前进行的诉讼程序，其程序权利并没有得到保障，所以其达成的调解协议与当事人同意调解协议相比，不具有同等法律效力。第三人在调解书送达前反悔的，人民法院需再作出裁判。

——最高人民法院民法典贯彻实施工作领导小组办公室编著：《最高人民法院新民事诉讼法司法解释理解与适用》，人民法院出版社2022年版，第370页。

19.当事人同意调解协议签名或盖章生效的，在达成调解协议后拒签调解书不影响调解协议的效力

法院依照《民事诉讼法》第一百零一条规定，根据双方当事人的调解协议制成调解书后，如果当事人一方拒绝签收，则不影响调解协议的效力，依据调解协议制作的调解书发生法律效力，法官无须对该案件进行判决。早期实务中，为了最大限度地保护当事人的意思自治，允许当事人任意反悔调解书,这非常容易造成司法资源的浪费,不利于维护法律权威。为了既保护当事人的意思自治,又防止司法资源的无端浪费,特别规定了特定情形下调解协议在当事人、审判人员、书记员签名盖章后就具有了法律效力。

——最高人民法院民法典贯彻实施工作领导小组办公室编著:《最高人民法院新民事诉讼法司法解释理解与适用》,人民法院出版社2022年版,第372~373页。

20.二审调解时需要注意的问题

第一,根据《民事诉讼法》第四十一条第二款的规定,部分二审民事案件,可以由审判员一人独任审理。二审案件无论是组成合议庭审理还是独任审理,都适用调解。根据实际情况,在调解书上署名。第二,如果二审组成合议庭审理,那么具体的调解工作可以由一名审判员负责,但需要由合议庭审查调解内容包括达成的调解协议是否符合自愿和合法的原则。第三,调解书也是第二审人民法院的法律文书,调解书送达当事人后即具有终审判决、终结诉讼的法律效力,具有执行内容,并具有执行的效力。第四,一审调解和二审调解的不同点是:一审调解一般应当制作调解书,但符合《民事诉讼法》第一百零一条规定的也可以不制作调解书;二审调解后必须制作调解书。这是因为二审调解是否成立直接关系到一审判决的效力包括是否以此执行。上诉审理期间,一审判决未发生法律效力,二审经调解达成协议,是二审审判结果,该结果必须以书面形式加以明示,便于当事人和社会公众知晓。否则,一审判决的效力始终处于不稳定状态,终止或执行都缺乏依据。一审程序中的调解不存在此问题。第五,当事人在第二审程序中达成和解协议的,人民法院可以根据当事人的请求,对双方达成的和解协议进行审查并制作调解书送达当事人。第六,第二审人民法院的调解书上不能有"撤销原判"的表述,因为《民事诉讼法》明确规定了,调解书送达后,原审人民法院的判决即"视为撤销"。"撤销原判"与"视为撤销"不同,"撤销原判"以原审判决错误为前提,而调解协议是双方当事人自愿互谅互让达成的,并不等于原审判决有错,不能用当事人行使处分权的结果来衡量和撤销人民法院行使审判权的结果。"视为撤销"的含义不是二审人民法院用调解书撤销了原审判决，而是二审调解书生效后，原审判决就此失去了法律效力。

——江必新主编：《新民事诉讼法条文理解与适用》，人民法院出版社2022年版，第825~826页。

21.在调解协议中未涉及的一审判项，可以在与调解书不冲突，也不损害其他各方当事人合法权益的情况下，在二审判决中予以确认

江西银行股份有限公司南昌某支行与上海某数码有限公司等借款合同纠纷案［最高人民法院（2021）最高法民终479号］

部分当事人对一审民事判决中的部分判项提起上诉的，人民法院在二审程序中可以就当事人的上诉请求开展调解工作，对当事人达成的调解协议依法审查后，予以确认并制作调解书。调解书送达后，一审判决即视为撤销。

对于上诉请求和调解书中并未涉及的其余一审判项，经审查与调解书不相冲突也未损害各方当事人合法权益的，可以在二审判决中予以确认。

最高人民法院认为：《民事诉讼法》第九条规定："人民法院审理民事案件，应当根据自愿和合法的原则进行调解……"《民事诉讼法》第一百七十二条[①]规定："第二审人民法院审理上诉案件，可以进行调解。调解达成协议，应当制作调解书，由审判人员、书记员署名，加盖人民法院印章。调解书送达后，原审人民法院的判决即视为撤销。"《最高人民法院关于人民法院民事调解工作若干问题的规定》第十四条第一款规定："当事人就部分诉讼请求达成调解协议的，人民法院可以就此先行确认并制作调解书。"根据上述规定，当事人仅对一审判决的部分判项提起上诉的，人民法院在二审程序中可以就当事人的上诉请求开展调解工作，对当事人达成的调解协议依法审查后，予以确认并制作调解书。调解书送达后，一审判决即视为撤销。对于各方当事人均未提起上诉，在调解协议中也未涉及的其余一审判项，可以在与调解书不冲突，也不损害其他各方当事人合法权益的情况下，在二审判决中予以确认。

本案中，一审判决第二项的内容涉及某数码公司所承担的差额退款责任以及违约金。各方当事人中，仅有某数码公司提起上诉，请求撤销一审判决第二项，驳回有关某数码公司的全部诉讼请求。经本院合法传唤，各原审被

---

① 现为《民事诉讼法》（2023年修正）第一百七十九条。

告未到庭参加诉讼,不参加本案调解。经本院调解,某数码公司与江西银行某支行达成调解协议,请求本院出具调解书。经本院审查,调解协议的内容不违反法律,未损害其他当事人的合法权益,与一审判决的其他判项并不冲突。而且,对于某数码公司依照调解书支付的款项,江西银行某支行在调解书中明确承诺不依据本判决重复执行。某数码公司依照调解书支付的本金,在根据本判决书计算利息时也应相应予以扣除。故对某数码公司与江西银行某支行达成的调解协议,本院依法另行出具调解书予以确认,一审判决应依法视为撤销。对于各方当事人均未提起上诉的其余一审判项,本院在二审判决中予以确认。

——《最高人民法院公报》2022 年第 7 期。

22.对生效调解协议申请人民法院制作调解书后可以通过审判监督程序予以救济

当事人达成调解协议签字后生效的,只要调解协议已经法院确认,在法院送交时,当事人是否签收调解书,不影响调解协议的效力。如果当事人达成调解协议后未申请人民法院制作调解书,而认为在达成调解协议时存在对法律法规缺乏了解导致协议显失公平、出于特殊原因导致达成调解协议意思表示不真实等不符合合同成立、生效的情形,或者具有可变更、可撤销情形的,可以调解协议申请人民法院制作调解书后,根据《民事诉讼法》第二百一十二条的规定通过审判监督程序予以救济。

——最高人民法院民法典贯彻实施工作领导小组办公室编著:《最高人民法院新民事诉讼法司法解释理解与适用》,人民法院出版社 2022 年版,第 373 页。

23.农村土地承包仲裁委员会以超过申请仲裁时效期间为由驳回当事人申请,当事人起诉的,人民法院应当受理

2010 年《农村土地承包经营纠纷调解仲裁法》(以下简称农地调解仲裁法)对仲裁机构的设置、仲裁程序、仲裁裁决的效力等作出了明确的规定,确立了中国农地纠纷仲裁制度。农地调解仲裁法所构建的是"或裁或审,一裁两审"的纠纷解决制度，农村土地承包经营纠纷仲裁并非诉讼的前置程序，这一点与劳动争议仲裁制度的仲裁前置显著不同。根据农地调解仲裁法第四条的规定，当农村土地承包经营纠纷发生后，当事人有多种纠纷解决方式的选择，既可以选择和解、调解，也可以选择向农村土地承包仲裁委员会申请仲裁，还可以直接向人民法院起诉。也就是说，对于是启动仲裁程序，还是诉讼程序，抑或是其他纠纷解决方式，当事人有着充分的程序选择权。

——李少平主编：《最高人民法院多元化纠纷解决机制改革意见和特邀调解规定的理解与适用》，人民法院出版社2017年版，第99页。

我们认为，此种情况下，人民法院应予受理。理由是：（1）农村土地承包纠纷中，仲裁非诉讼的前置程序，因此仲裁时效与诉讼时效的计算应各自独立。认定当事人的请求权是否超过诉讼时效期间为人民法院职责范围，不能以仲裁的认定来代替法院的认定，且在农村土地承包经营纠纷中，对相应的请求权性质界定，理论和实务界均存在一定争议，导致两者在实践中掌握的认定标准不一定完全一致。（2）诉讼请求是否超过诉讼时效期间，应由人民法院在受理后的实体审理中作出认定，而不是在决定是否受理的阶段。（3）根据超过诉讼时效期间，当事人自愿履行的，不受诉讼时效限制。因此，在实践中，该类案件起诉到人民法院后，与审理其他民事案件一样，只有在对方当事人提出诉讼时效抗辩的情况下，人民法院才依法审查当事人的请求权是否超过诉讼时效期间。（4）对于农村土地承包经营纠纷，仲裁与诉讼是两种互相独立的纠纷解决方式，诉讼不以仲裁为前提或基础，也不对仲裁作出评断。与其他普通民事案件一样，人民法院审查的内容是当事人的请求权是否超过诉讼时效期间，而不是审查仲裁委员会关于超过仲裁时效的认定是否合法。当然申请仲裁可以作为诉讼时效中断的事由。（5）当事人不服仲裁裁决的情况应既包括仲裁对实体的处理，也包括仲裁对程序的处理。

——张勇健、程新文、辛正郁、王丹：《〈最高人民法院关于审理涉及农村土地承包经营纠纷调解仲裁案件适用法律若干问题的解释〉理解与适用》，最高人民法院民事审判第一庭编：《民事审判指导与参考》2014年第1辑（总第57辑），人民法院出版社2014年版，第61~62页。

24.当事人对委派调解达成的调解协议有争议提起诉讼的，人民法院应当受理

双方当事人就未进行司法确认的调解协议的履行或内容发生争议的处理程序：

对达成调解协议而未进行司法确认的，当事人可以就调解协议提起诉讼，也可以就原纠纷提起诉讼。当事人以调解协议提起诉讼的，人民法院应当就调解协议的内容进行审理。一方当事人以原纠纷提起诉讼，另一方当事人未以调解协议提出异议的，人民法院应当就原纠纷进行审理。一方当事人就原纠纷提起诉讼，另一方当事人以调解协议提出异议的，另一方当事人应当提交调解协议书。法院应当对调解协议进行审查。调解协议应当视为对原纠纷再次达成的合议，为民事合同，此时，调解协议的效力高于原纠纷。如果调解协议没有合同法规定的无效、可撤销等情形，应当按照调解协议履行权利义务。

上述规定是基于调解协议的民事合同性质作出的。调解协议虽然在特邀调解员的主持下达成，但是在特邀调解过程中，始终贯彻平等自愿原则，特邀调解员充分尊重当事人意志，因此应当将调解协议视为民事合同。关于调解协议产生的纠纷，属于民事合同纠纷。人民法院在审理调解协议纠纷时，应当将调解协议作为民事合同，按照民事诉讼法、合同法及其司法解释审理。

——李少平主编：《最高人民法院多元化纠纷解决机制改革意见和特邀调解规定的理解与适用》，人民法院出版社2017年版，第458页。

25.一事不再理原则是否适用于调解协议经民事调解书确认并发生法律效力的案件

"一事不再理"原则是民事诉讼的一项基本原则，即当事人不得就已经起诉的案件，在诉讼过程中再行起诉，即使起诉，人民法院也不得受理。对此原则，我国《民事诉讼法》中并没有直接规定，通常被作为法律依据的是《民事诉讼法》第一百二十七条第五项："对判决、裁定已经发生法律效力的案件，当事人又起诉的，告知原告申请再审，但人民法院准许撤诉的裁定除外。"但其只明确规定了对生效判决、裁定不得再诉，并未明确是否适用于调解发生法律效力的案件。

根据民事诉讼法理论，"一事不再理"原则包含了两个方面的含义：一是诉讼系属效力，即某一诉已经提起或正在诉讼中，该诉就不得再次提起；二是裁判的既判力，即民事裁判生效后，当事人不得就已经裁判确定的同一案件再行起诉。

民事调解书虽然是依据当事人依法自愿达成的调解协议制作的，但法院调解是人民法院行使审判权的方式之一，民事调解书记载了诉讼请求、案件的事实和调解结果，是在诉讼程序中形成的法院制作的法律文书，其一经生效，即产生与生效判决相同的法律效力。在程序方面，它和判决一样，都是正常结束诉讼程序的方式；在实体方面，调解生效后，即表明当事人之间实体权利义务的争议已经得到了法院的解决和确认。因此，就既判力而言，当事人和人民法院都应该受到生效裁判内容的约束，当事人不得就同一诉讼标的和同一诉讼理由再向人民法院提起诉讼，人民法院也不得再行审理和另行裁判。故从目的解释的角度而言，《民事诉讼法》第一百一十一条第五项的规定可以扩展解释为已经生效的裁判文书。

因此，人民法院制作的调解书发生法律效力后，如果当事人就同一诉讼标的、同一理由再行提起诉讼，人民法院可以参照适用民事诉讼法第一百二十七条第五项的规定予以处理。

——本书研究组：《民事诉讼"一事不再理"原则是否适用于调解发生法律效力的案件》，载最高人民法院民事审判第一庭编：《民事审判指导与参考》2012年第3辑（总第51辑），人民法院出版社2012年版，第237~238页。

26.当事人基于调解书生效后产生的新的事实，重新提起诉讼的，应当进行实体审理

某物流公司与某公司土地使用权转让合同纠纷案［最高人民法院（2021）最高法民再250号民事裁定书］

人民法院对当事人在诉讼中达成的调解协议出具调解书。因合同具体约定不明，当事人对调解书中有关继续履行合同的内容产生争议，且无法在法院强制执行程序中解决的事实，构成一方当事人再次提起诉讼的新的事实。

最高人民法院再审认为，本案再审的争议焦点为某物流公司提起本案诉讼是否构成重复起诉，本案是否应当进行实体审理。

《民事诉讼法解释》第二百四十七条规定："当事人就已经提起诉讼的事项在诉讼过程中或者裁判生效后再次起诉，同时符合下列条件的，构成重复起诉：（一）后诉与前诉的当事人相同；（二）后诉与前诉的诉讼标的相同；（三）后诉与前诉的诉讼请求相同，或者后诉的诉讼请求实质上否定前诉裁判结果。当事人重复起诉的，裁定不予受理；已经受理的，裁定驳回起诉，但法律、司法解释另有规定的除外。"第二百四十八条规定："裁判发生法律效力后，发生新的事实，当事人再次提起诉讼的，人民法院应当依法受理。"据此，考量案件是否构成重复起诉，应当从诉讼主体、诉讼标的、诉讼请求等主客观要件以及依据的事实等方面进行综合评判。只要不同时具备上述第二百四十七条第一款规定的主客观要件，则不属于重复起诉；即使要件符合，但基于新的事实起诉的，人民法院亦应当依法受理。

（一）从构成要件判断本案是否构成重复起诉。首先，关于诉讼主体。本案比前案增加了第三人某置业公司，该第三人系因某公司申请追加，某物流公司并未针对第三人提出诉讼请求，本案诉讼主体的增加并不能认定不构成重复起诉。其次，关于诉讼标的。前后两案某物流公司均是基于《土地使用权转让合同》提起诉讼。前案诉讼虽仅针对该合同中的租赁关系而提起，并未涉及土地使用权转让，但调解书涵盖了该两个方面的内容；本案是针对该合同土地使用权转让关系和租赁关系而提起的诉讼。从诉讼标的的角度亦不能认定不构成重复起诉。最后，前案起诉请求支付2016年4月13日至2018年4月12日的土地房产使用租赁费及违约金、利息。1090号民事调解书所涉及的租赁费至2018年8月31日。本案所诉请的土地占用费的支付期间为，2019年元月1日至返还土地之日。本案关于土地占用费的诉讼请求并未为前案诉请及1090号民事调解书的内容所涵盖，240万元其他损失等诉讼请求，前案中未涉及。对于本案中上述未为1090号民事调解书所涵盖的诉讼请求，人民法院依法应予审理。但与此同时，本案有关解除案涉《土地使用权转让合同》及返还等诉讼请求实质否定了1090号民事调解书第三条有关"2018年

12月31日前,甲乙双方依据原合同约定,履行土地使用权转让事宜"的内容。故对该部分请求需要进一步判断是否基于新的事实。

（二）本案有关土地使用权转让等诉请是否基于新的事实。在1090号民事调解书所确定的履行时间前,双方均未履行土地使用权转让事宜。在调解书的强制执行过程中,某物流公司和某公司达成《执行和解协议》,但因某公司未按《执行和解协议》的约定交纳前期土地转让款,《执行和解协议》亦未能履行,之后某物流公司撤回执行申请。本案再审中,双方对《土地使用权转让合同》未履行的原因各执一词。某公司认为,土地面积应当以土地使用权证上记载的30.4亩为准,不应按照合同约定的38.03亩履行;某物流公司则主张,某公司应先支付土地转让款,其才办理土地使用权转让手续。调解书第三条有关"双方依据《土地使用权转让合同》约定,履行土地使用权转让事宜"约定,不仅因自身继续履行的具体内容不明确而实际无法通过强制执行得以实现,同时也无法解决当事人双方对合同履行所产生的新争议。扶风县人民法院此前就该调解书强制执行的实际情况已经印证了这一问题。在执行案件终结之后,调解书确认的租赁期限已经超过,某公司仍占有案涉土地,且未支付后续的土地房屋占用费。故从实质化解纠纷,定分止争的考虑出发,基于调解书作出后发生的《土地使用权转让合同》因双方争议陷入履行僵局,且无法通过强制执行程序解决等事实,本案应当根据《民事诉讼法解释》第二百四十八条之规定,依法受理并进行实体审理,至于该合同是否应当解除需待实体审理后作出判断。原判决驳回起诉适用法律错误,本院予以纠正。

——中国裁判文书网。

27.集团诉讼中人民法院制作的调解书不可以适用于后诉当事人

《民事诉讼法》第五十七条仅规定了人民法院作出的生效裁定、判决的既判力适用于未参加登记的权利人。倾向性意见认为,调解协议是当事人之间通过让渡部分权利,经过妥协而达成的协议,因而不应当产生约束调解书当事人之外任何人的效力。

——最高人民法院民法典贯彻实施工作领导小组办公室编著：《最高人

民法院新民事诉讼法司法解释理解与适用》，人民法院出版社 2022 年版，第 227 页。

28.债务人在财产已进入查封、拍卖程序后通过法院调解书对财产另行处置的，不影响债权人实现债权，债权人无须提起撤销之诉

韩某与韩某华、王某玲第三人撤销之诉案［最高人民法院（2021）最高法民申 5054 号民事裁定书］

（1）夫妻一方的债务已进入强制执行程序，法院已对债务人的财产查封并进入拍卖阶段后，夫妻中另一方向法院提起分家析产诉讼，并在二审中达成协议将被执行财产作为夫妻共同财产分割，法院根据夫妻间调解协议作出调解书，因该调解书系在案涉被执行财产在被查封并进入拍卖阶段后作出，不能影响债权人实现债权。

（2）因此类调解书不影响债权人实现债权，故债权人无须以该调解书损害其民事权益缺乏事实依据为由，提起第三人撤销之诉。

最高人民法院认为：《民事诉讼法》第五十六条①规定："对当事人双方的诉讼标的，第三人认为有独立请求权的，有权提起诉讼。对当事人双方的诉讼标的，第三人虽然没有独立请求权，但案件处理结果同他有法律上的利害关系的，可以申请参加诉讼，或者由人民法院通知他参加诉讼。人民法院判决承担民事责任的第三人，有当事人的诉讼权利义务。前两款规定的第三人，因不能归责于本人的事由未参加诉讼，但有证据证明发生法律效力的判决、裁定、调解书的部分或者全部内容错误，损害其民事权益的，可以自知道或者应当知道其民事权益受到损害之日起六个月内，向作出该判决、裁定、调解书的人民法院提起诉讼。人民法院经审理，诉讼请求成立的，应当改变或者撤销原判决、裁定、调解书；诉讼请求不成立的，驳回诉讼请求。"《民事诉讼法解释》第二百九十条规定："第三人对已经发生法律效力的判决、裁定、调解书提起撤销之诉的，应当自知道或者应当知道其民事权益受到损害之日起六个月内，向作出生效判决、裁定、调解书的人民法院提出，并应当提供存在下列情形的证据材料：（一）因不能归责于本人的事由未参加诉讼；（二）

---

① 现为《民事诉讼法》（2023 年修正）第五十九条。

发生法律效力的判决、裁定、调解书的全部或者部分内容错误；（三）发生法律效力的判决、裁定、调解书内容错误损害其民事权益。"本案中，韩某因与韩某华股权转让纠纷一案申请强制执行，人民法院已对案涉房屋及车辆予以查封并进入拍卖阶段。此后，王某玲因与韩某华分家析产纠纷一案向人民法院提起诉讼，并在该案二审审理中与韩某华达成协议，将案涉房屋及车辆作为共同财产予以分割，内蒙古自治区巴彦淖尔市中级人民法院据此作出1728号调解书。《最高人民法院关于人民法院民事执行中查封、扣押、冻结财产的规定》第二十六条规定，被执行人就已经查封、扣押、冻结的财产所作的移转、设定权利负担或者其他有碍执行的行为，不得对抗申请执行人。第三人未经人民法院准许占有查封、扣押、冻结的财产或者实施其他有碍执行的行为的，人民法院可以依据申请执行人的申请或者依职权解除其占有或者排除其妨害。

《最高人民法院关于人民法院办理执行异议和复议案件若干问题的规定》第二十四条第二款规定，金钱债权执行中，案外人依据执行标的被查封、扣押、冻结后作出的另案生效法律文书提出排除执行异议的，人民法院不予支持。据此，因1728号调解书系在案涉房屋及车辆被查封并进入拍卖阶段后作出，故并不影响债权人韩某实现债权。韩某主张1728号调解书损害其民事权益缺乏事实依据，其针对1728号调解书提起第三人撤销之诉，不符合法律规定的条件，原审法院裁定驳回其起诉并无不当。

——中国裁判文书网。

29.第三人撤销之诉中，人民法院对调解书的撤销与改变

关于调解书的撤销与改变问题

《民事诉讼法》将调解书作为第三人撤销之诉的对象，主要考虑到调解书内容具有安排当事人之间民事权利义务的内容，一旦错误，也可能损害第三人的合法权益，特别是考虑到近年来当事人恶意串通损害第三人合法权益的案件数量有上升趋势，为保护第三人的实体权利，适用第三人撤销之诉是合理的。当然，这与我国台湾地区"民事诉讼法"规定第三人仅可以对判决提起撤销之诉不同。但调解书与判决是两种完全不同性质的法律文书，判决是

法院以国家或地区名义作出的决定，是对案件事实和当事人主张审理后依法作出的判断；调解书是当事人自行处分民事权利义务的结果，其基础是当事人之间的调解协议。调解书因损害第三人合法权益而被撤销具有合理性，但因损害第三人合法权益即在第三人撤销之诉中判决改变调解书的内容显然不妥：一则调解书内容是当事人之间的协议内容，判决则是法院决定内容，以法院决定代替当事人之间的协议内容，有违调解之当事人处分和自愿原则；二则调解协议往往是当事人之间对整体民事权利义务的一种安排，从保护第三人利益角度而言予以撤销足矣，再对原诉当事人之间的民事权利义务重新安排，不利于原诉当事人之间纠纷的解决。因此，对于调解书提起的第三人撤销之诉，原则上以撤销调解书为合理做法。

第三人撤销之诉请求成立时，撤销整个调解书自无疑问，但第三人仅请求撤销调解书部分内容的，人民法院能否判决撤销调解书的部分内容，则应当根据具体情况来处理。如果调解书的内容各部分不可分，则不能只撤销调解书的部分内容，应当全部撤销调解书。如果调解书的内容可分，撤销部分后不影响其他部分继续有效的，人民法院可以撤销调解书的部分内容。

——最高人民法院民法典贯彻实施工作领导小组办公室编著：《最高人民法院新民事诉讼法司法解释理解与适用》，人民法院出版社2022年版，第659~660页。

30.提起撤销之诉的案外人不能充分证明生效判决、裁定、调解书确实存在错误且损害其民事权益的，应当驳回诉讼请求

海南某房地产有限公司、海南某投资有限公司与某航运集团股份有限公司等第三人撤销之诉案［最高人民法院（2019）最高法民终712号民事判决书］

裁判摘要： 第三人撤销之诉的制度功能，是为因不可归责于本人的事由未能参加诉讼，而生效判决、裁定、调解书存在错误且损害其民事权益的案外人提供救济。实践中，既要依法维护案外人的正当权利，也要防止滥用第三人撤销之诉导致损害生效裁判的稳定性。提起撤销之诉的案外人不能充分证明生效判决、裁定、调解书确实存在错误且损害其民事权益的，应当驳回诉讼请求。

最高人民法院认为，本案属于第三人认为当事人恶意串通进行诉讼、损害其利益而提起的第三人撤销之诉。因郑某南、高某珍系台湾地区居民，本案为涉台民事纠纷。各方当事人对一审法院适用大陆法律解决本案争议无异，本院认为，根据当事人的上诉请求和答辩意见，本案二审的争议焦点为：原审对某房地产公司不享有案涉土地使有权的认定是否正确；陈某与海南某公司、某航运公司之间的200万元借款是否真实存在。

一、关于某房地产公司是否享有案涉土地使有权的问题。本院认为，根据1988年12月29日修正的《土地管理法》第九条第二款"全民所有制单位、集体所有制单位和个人依法使用的国有土地，由县级以上地方人民政府登记造册，核发证书，确认使用权"以及1998年8月29日修订的《土地管理法》第十一条第三款"单位和个人依法使用的国有土地，由县级以上人民政府登记造册，核发证书，确认使用权"的规定，依法使用国有土地均要在县级以上人民政府办理登记手续并办理相关证书确认土地使用权。第一，本案中，某房地产公司并未提供已交纳案涉土地出让金，以及办理了案涉土地国有土地使用权证的相关证据，而其提交的"1994年3月31日海南省东方黎族自治县人民政府同意将包含案涉土地在内的土地出让给海南某船务房地产公司的东府复〔1994〕26号文，以及1994年4月3日海南省东方黎族自治县土地管理局与海南某船务房地产公司签订的《东方黎族自治县成片开发土地使用权出让合同》"，并不能充分证明已拥有案涉土地使用权。第二，海南省东方市人民政府在某房地产公司起诉海南省东方市人民政府为陈某颁证行政诉讼一案中，明确表示案涉土地使用权属某航运公司所有，其提交的《征（拨）土地协议书》，只能证明海南某船务房地产公司曾为开发项目签订过征用土地的协议，不足以证明案涉土地已由某房地产公司征购。而某房地产公司提交的1997年1月22日的"6号付款凭证"和1997年4月30日的"付款6号凭证"，均为海南海南某船务实业股份有限公司的付款凭证，并不能证明该付款凭证载明的征地款是为案涉土地所付。第三，因案涉土地为国有出让土地，即使海南某船务房地产公司曾经征购并支付征地款，但因征地款和国有土地出让金性质不同，海南某船务房地产公司支付案涉土地征地款，也不能代替交纳案涉土地出让金，故某房地产公司以"已缴纳了土地征地款来主张享有案涉土地使用权"以及海南某公司"案涉土地开发整理的时间为1994年至1997年间,当时国有土地开发流程不及目前完善、有序,未取得土地使用权证不应作为排除某房地产公司对案涉土地合法权益"的上诉理由,均不能成立。第四,本案已查明,1997年3月8日,海南某船务房地产公司经工商部门核准变更为"海南海南某船务实业股份有限公司房地产公司",成为"海南海南某船务实业股份有限公司的分公司",丧失了独立法人资格,涉及该公司的所有债权债务应全部归属于其母公司"海南某船务实业股份有限公司"以及变更名称后的"某航运公司"。即使"海南某船务房地产公司"享有案涉土地的使用权,在其丧失法人资格后,该使用权亦由某航运公司享有。第五,2001年8月13日,某航运公司货币出资40万元人民币和海南某公司货币出资1960万元人民币成立了某房地产公司。某航运公司仅以40万元人民币出资,并未将案涉土地使用权或者相应的其他权利作为对某房地产公司的出资。第六,本案也已查明,案涉土地并非某房地产公司2001年设立时的资产,某房地产公司和海南某公司并未提供证据证明某房地产公司此后获得案涉土地使用权,而且,审计报告显示某航运公司账面上无案涉土地所有权与某房地产公司享有案涉土地使用权之间也不存在因果关系,故上诉人某房地产公司和海南某公司主张"根据审计报告和年度报告,截至2001年年底某航运公司账面上并无土地使用权等无形资产,案涉土地的使用权属于某房地产公司所有"的上诉理由,亦不能成立。综上,原审认定某房地产公司对案涉土地不享有使用权并无不当,上诉人某房地产公司和海南某公司关于原审认定其对案涉土地不享有使用权错误的理由均不能成立。

二、关于陈某与海南某公司、某航运公司之间的200万元借款是否真实存在的问题。本院认为,本案为第三人撤销之诉,而某房地产公司不是上述借款关系的当事人,该借款关系是否属实亦不是本案撤销之诉的审理范围,但原审法院本着客观公正的原则,亦对陈某与海南某公司、某航运公司之间的200万元借款是否真实进行了查证。经查,海南某公司和某航运公司于2002年5月15日向陈某出具借据,载明借款关系发生的事实及相应担保措施,并加盖"海南某公司财务专用章"及"某航运公司公章"。虽然"范某海"的签名经鉴定非其本人所签,但海南某公司在其借据上加盖"财务专用章"的行为,应视为海南某公司对该借据效力的认可。此外,湖北省高级人民法院作出并已发生法律效力的（2015）鄂民监三再终字第00008号民事判决据此认定该借据真实。某房地产公司、海南某公司、某航运公司均认为200万元的借款不真实，海南某公司称未收到200万元借款，但陈某在庭审中陈述，当时系因海南某公司、某航运公司被监管部门要求退市，其资金账户全部被冻结，按原海南某公司的董事长范某海的要求将200万元现金分三次交给了范某海。结合某房地产公司、海南某公司、某航运公司提交的相关证据，可以证实在陈某陈述的付款期间，海南某公司、某航运公司确实存在资产重组的问题，而且，海南某公司、某航运公司也未提供相反证据推翻陈某的陈述，亦不足以证明本案存虚假诉讼的情形，故原审法院认定200万元借款真实并无不当。某房地产公司和海南某公司关于陈某在接受海南省公安厅调查时对借款事实的陈述先后不一致的问题，因该口供未得到有关司法机关的确认，海南省公安厅亦未基于上述调查对该笔借款事实作出否定判断进而对陈某展开刑事追诉，故原审法院对上述口供的真实性不予认可亦无不当。关于海南某公司主张的陈某对包括其口供在内的第八组证据的真实性无异议的上诉理由。经查，原审庭审时陈某的代理人张荣有对该组证据的真实性予以认可，但并非对证据内容的认可，故此项上诉理由不能成立。从第三人撤销之诉制度功能来看，主要是为了保护受错误生效裁判损害的未参加原诉的第三人的权益。同时，在司法实践中，也要防止滥用该项诉权，损害生效裁判的稳定性。某房地产公司主张湖北省高级人民法院（2015）鄂民监三再终字第00008号民事判决书内容错误，损害其民事权益，应当提供证据证明该判决的结果错误，且该错误损害其民事权益。人民法院对案涉200万元借款是否真实已经过多次审理，湖北省高级人民法院作出了（2015）鄂民监三再终字第00008号民事判决书认定案涉借款真实，而某房地产公司和海南某公司并未提交足以推翻原判决的证据，故对其案涉200万元不真实的上诉理由，本院亦不支持。

——《最高人民法院公报》2020年第9期。

31.第三人撤销之诉调解书的撤销与改变

《民事诉讼法》将调解书作为第三人撤销之诉的对象，主要考虑到调解书内容具有安排当事人之间民事权利义务的内容，一旦错误，也可能损害第三人的合法权益，特别是考虑到近年来当事人恶意串通损害第三人合法权益的案件数量有上升趋势，为保护第三人的实体权利，适用第三人撤销之诉是合理的。当然，这与我国台湾地区"民事诉讼法"规定第三人仅可以对判决提起撤销之诉不同。但调解书与判决是两种完全不同性质的法律文书，判决是法院以国家或地区名义作出的决定，是对案件事实和当事人主张审理后依法作出的判断；调解书是当事人自行处分民事权利义务的结果，其基础是当事人之间的调解协议。调解书因损害第三人合法权益而被撤销具有合理性，但因损害第三人合法权益即在第三人撤销之诉中判决改变调解书的内容显然不妥：一则调解书内容是当事人之间的协议内容，判决则是法院决定内容，以法院决定代替当事人之间的协议内容，有违调解之当事人处分和自愿原则；二则调解协议往往是当事人之间对整体民事权利义务的一种安排，从保护第三人利益角度而言予以撤销足矣，再对原诉当事人之间的民事权利义务重新安排，不利于原诉当事人之间纠纷的解决。因此，对于调解书提起的第三人撤销之诉，原则上以撤销调解书为合理做法。

第三人撤销之诉请求成立时，撤销整个调解书自无疑问，但第三人仅请求撤销调解书部分内容的，人民法院能否判决撤销调解书的部分内容，则应当根据具体情况来处理。如果调解书的内容各部分不可分，则不能只撤销调解书的部分内容，应当全部撤销调解书。如果调解书的内容可分，撤销部分后不影响其他部分继续有效的，人民法院可以撤销调解书的部分内容。

——最高人民法院民法典贯彻实施工作领导小组办公室编著：《最高人民法院新民事诉讼法司法解释理解与适用》，人民法院出版社2022年版，第659~660页。

32.不应裁定再审的调解书在再审审理程序中的处理方式

问题：我院审理的一起以调解方式结案的民事案件，当事人的再审申请经审委会讨论裁定进入再审程序后，经审理发现申请再审人提出的调解违反自愿原则的事由不成立，且调解协议的内容不违反法律强制性规定，应当裁定驳回再审申请，并恢复原调解书的执行。但对该裁定当事人是否享有上诉权存在不同认识。一种意见认为不享有上诉权。

理由为：按照最高人民法院《审判监督解释》第十六条规定："人民法院经审查认为申请再审事由不成立的，应当裁定驳回再审申请。驳回再审申请的裁定一经送达，即发生法律效力。"另一种意见认为当事人应享有上诉权。理由为：再审申请是一种诉权，在审查阶段驳回再审申请的裁定无上诉权无争议，但经审查裁定进入再审程序后，按照一审程序审理发现应驳回再审申请，这与审查阶段的性质不同，且司法解释无明确规定。以上两种意见哪种正确？请解答。

《人民司法》研究组认为：最高人民法院《审判监督解释》第二十八条规定："人民法院以调解方式审结的案件裁定再审后，经审理发现申请再审人提出的调解违反自愿原则的事由不成立，且调解协议的内容不违反法律强制性规定的，应当裁定驳回再审申请，并恢复原调解书的执行。"根据该条规定，裁定驳回再审申请的同时，已经恢复原调解书的执行，显然该裁定一经送达即发生法律效力，不属于可以上诉的情形。该条是关于以调解方式审结的案件再审后如何处理问题的特别规定。因此，我们认为，你院第一种意见是正确的，但不是以该解释第十六条为依据，应以该解释第二十八条为依据。

——《人民司法·应用》2010年第17期（总第604期）。

33.在原审程序遗漏了必要共同诉讼人，再审程序是依二审程序审理时，被遗漏者参加了再审程序，该案也可调解结案

关于民事再审案件中参加调解的当事人。当事人的诉讼地位主要是由其在实体法律关系中的地位决定的，一般说来，在民事诉讼中进行调解，应当在各方当事人之间进行，就案件所涉权利义务关系进行协商并达成协议。但是再审程序在此问题上有其特殊之处。当原审程序遗漏了必要的共同诉讼人的情况下，而再审程序又是按照第二审程序审理的时候，该被遗漏者参加了再审程序，如能够与其他当事人达成调解协议的，该再审案件也可以以调解方式结案。

——江必新主编、最高人民法院审判监督庭编著：《最高人民法院关于适用民事诉讼法审判监督程序司法解释理解与适用》，人民法院出版社2008年

版，第287~288页。

34.当事人申请撤销仲裁调解书的，人民法院不予受理

有关部门就人民法院应否受理当事人提起的申请撤销仲裁调解书之诉问题征求最高人民法院研究室意见。我室经研究认为：

人民法院不应受理仲裁当事人提起的申请撤销仲裁调解书之诉。理由：申请撤销仲裁调解书并无法律依据，《仲裁法》第五十八条的规定仅适用于当事人申请撤销仲裁裁决的情形，并不包括申请撤销仲裁调解书，因此，当事人提起申请撤销仲裁调解书之诉并无法律依据。

——最高人民法院研究室《关于人民法院应否受理当事人提起的申请撤销仲裁调解书之诉问题的研究意见》，载张军主编、最高人民法院研究室编：《司法研究与指导》2012年第2辑（总第2辑），人民法院出版社2012年版，第90~94页。

35.仲裁调解书被人民法院依职权裁定不予执行的，当事人可以向人民法院起诉

司法对仲裁的监督应当包括对仲裁调解书的监督。人民法院认定执行仲裁调解书违背社会公共利益的，可以依职权裁定不予执行；仲裁调解书被人民法院裁定不予执行后，当事人向人民法院起诉的，人民法院应予受理。

——最高人民法院民一庭：《仲裁程序中达成的调解书被人民法院依职权裁定不予执行的，当事人可以向人民法院起诉》，载最高人民法院民事审判第一庭编：《民事审判指导与参考》2015年第2辑（总第62辑），人民法院出版社2016年版，第149页。

甘肃省中国青年旅行社与林某锋、陈某良房屋买卖合同纠纷案［最高人民法院（2014）民提字第216号民事判决书］

最高人民法院认为，关于甘肃青旅是否享有提起本案诉讼的权利。一审法院于2012年6月7日作出的〔2012〕兰法执字第143号民事裁定，系发生法律效力的裁定，在该裁定未依法被撤销前，对双方当事人具有法律拘束力。

根据《中华人民共和国仲裁法》第九条第二款规定，裁决被人民法院依法裁定撤销或者不予执行的，当事人就该纠纷可以根据双方重新达成的仲裁协议申请仲裁，也可以向人民法院起诉。在强制执行力上，仲裁调解书与仲裁裁决书具有同等的法律效力。故仲裁调解书被人民法院裁定不予执行的，亦应适用上述规定，赋予当事人根据协议重新申请仲裁或向人民法院起诉的权利。原审判决认定甘肃青旅享有提起本案诉讼的权利，并无不当。

——中国裁判文书网。

36.调解协议或和解协议可在另一诉讼中作为书证

《最高人民法院关于适用〈中华人民共和国民事诉讼法〉的解释》第一百零七条之规定并未将当事人为达成调解协议或和解协议而认可的全部事实，均排除于在另案诉讼中作为认定事实依据使用的可能。当事人之间已经达成的调解协议或和解协议，在另一诉讼案件中可以作为书证使用。对于其证明力，人民法院应按照法定程序，全面、客观地审核，并根据当事人提交的其他证据，结合相关事实，综合认定待证事实存在的可能性。一方当事人欲推翻调解协议或和解协议所证明事实的，应承担提供相应证据加以证明的证明责任；否则，将承担不利的后果。

《民事诉讼法司法解释》第一百零七条是关于诉讼调解或者和解过程中对事实的认可不适用自认规则的规定，是对此种情形下当事人自认的证据能力的排除，旨在保护一方当事人因调解或和解而对某种案件事实的认可不能对后续的诉讼产生不良影响，鼓励当事人以和解方式解决纠纷。对于该条规定的适用范围，应全面准确加以理解。一方面，该条规定的适用情形是在同一案件诉讼过程中，希望达成调解协议或和解协议而未达成，在后续的诉讼中不得将当事人妥协而认可的事实作为对其不利的根据。是故，除该条但书规定的情形外，法律禁止将该种情形下认可的事实作为在同一案件后续诉讼中认定对当事人不利事实的根据。但另一方面，该条规定并未排除将当事人之间已经达成的调解协议或和解协议在另一案件中作为书证使用。事实上，当事人在已经达成的诉讼调解或和解中对有关事实所作自认，在类型上应作进一步区分。该自认的事实可能是当事人对客观事实的认可，如对当事人之间基础法律关系的认可；也可能是对某种事实在一定程度上的妥协和让步，如承包人对发包人欠付工程款金额的让步。对这些不同类型的事实，在另案诉讼中一概排除而使其不产生任何法律效果，不具有合理性。相反，当案件事实真伪不明时，当事人对于前一种类型事实的自认，不仅可以作为证明案件事实的证据使用，而且对于促成法官形成内心确信具有非常重要的作用。法院对该种自认应当根据证据规则，结合当事人提交的其他证据以及案件的有关事实，作为认定案件事实的证据之一综合加以考量。一方当事人欲推翻该种调解协议书或和解协议书所证明的事实的，应根据证据规则承担提供相应证据加以证明的证明责任。本案系王某忠与李某亮、赵某之间的合伙协议纠纷，与杨某华和以上三人的退伙纠纷系不同案件，《自行和解协议》是李某亮、赵某在本案诉讼中提交的书证，为了证明王某忠、李某亮、赵某之间存在合伙关系，王某华若要推翻此《自行和解协议》的内容，应提供相应的证据证明，其以《最高人民法院关于适用〈中华人民共和国民事诉讼法〉的解释》第一百零七条为理由排除《自行和解协议》证据效力的主张，不符合该条规定的精神，没有法律依据，二审法院将《自行和解协议》作为认定案件事实的依据，并没有违反法律规定。

——最高人民法院民事审判第一庭：《当事人为达成调解协议或和解协议而认可的事实之证据能力》，载杜万华主编、最高人民法院民事审判第一庭编：《民事审判指导与参考》2016年第3辑（总第67辑），人民法院出版社2017年版，第190~191页。

郭某红与王某华、李某良合伙协议纠纷案［最高人民法院（2016）最高法民申1279号民事裁定书］

最高人民法院认为，《最高人民法院关于适用〈中华人民共和国民事诉讼法〉的解释》第一百零七条规定："在诉讼中，当事人为达成调解协议或者和解协议作出妥协而认可的事实，不得在后续的诉讼中作为对其不利的根据，但法律另有规定或当事人均同意的除外。"该条是关于诉讼调解或者和解过程中对事实的认可不适用自认规则的规定，旨在保护一方当事人因调解或和解而对某种案件事实的认可不能对后续的诉讼产生不良影响，鼓励当事人以和解方式解决纠纷。该条规定适用于同一案件诉讼过程中，当事人希望达成调解协议或和解协议而未达成的情形，此时，在后续的诉讼中，不得将当事人为达成调解协议或者和解协议作出妥协而认可的事实作为对其不利的根据。该条规定一方面未将当事人为达成调解协议或和解协议而认可的全部事实，均排除于在后续诉讼或另案诉讼中作为认定事实依据使用的可能；另一方面亦未排除将当事人之间已经达成的调解协议或和解协议，在另一诉讼案件中作为书证使用。对于此类证据的证明力，人民法院审查判断所遵循的原则与其他证据并无不同，均应按照法定程序，全面、客观地审核，并根据当事人提交的其他证据，结合相关事实，综合认定待证事实存在的可能性。因此，一方当事人欲推翻调解协议或和解协议所证明的事实的，应承担提供相应证据加以证明的证明责任。本案系王某华与李某良、郭某红之间的合伙协议纠纷，与曾相齐和以上三人的退伙纠纷系不同诉讼，《自行和解协议》能够作为书证在本案中使用，王某华以《最高人民法院关于适用〈中华人民共和国民事诉讼法〉的解释》第一百零七条为依据排除《自行和解协议》证据效力的主张，不符合该条规定的精神，于法无据，二审法院将《自行和解协议》中相关当事人认可的事实作为认定案件事实的依据，并无不当。

——中国裁判文书网。

37.调解过程中已确认的无争议事实在诉讼中当事人无须举证

23. 探索无争议事实记载机制。调解程序终结时，当事人未达成调解协议的，调解员在征得各方当事人同意后，可以用书面形式记载调解过程中双方没有争议的事实，并由当事人签字确认。在诉讼程序中，除涉及国家利益、社会公共利益和他人合法权益的外，当事人无需对调解过程中已确认的无争议事实举证。

——《最高人民法院关于人民法院进一步深化多元化纠纷解决机制改革的意见》(2016年6月28日，法发〔2016〕14号)(节选)。

一、适用无争议事实记载机制需要注意的问题

进行无争议事实记载活动，记载内容为当事人双方无争议的事实，故双

方当事人都应当遵循实事求是的原则，不得弄虚作假，故意作与基本事实不相符的陈述。还应当遵循意思自治的基本原则，进行无争议事实记载必须征得双方当事人的一致同意，并告知当事人所记载之内容，以及在后续诉讼中将成为"免证事实"的法律后果，且需要双方当事人以书面形式签字确认。

双方当事人无争议事实记载与当事人一方在诉讼中的自认有着本质上的区别：（1）启动不同。前者须经各方当事人同意才能启动，后者由自认人一方自行决定即可。（2）性质不同。前者所记载的事实是双方当事人共同认可、没有争议的事实，可能是对一方有利的事实，也可能是对一方不利的事实；后者自认的事实只能是自认方作出的对己方不利事实的自我认可。（3）方式不同。前者须以书面形式记载并经各方当事人签字认可，后者则没有书面形式的法定要求。（4）后果不同。前者对后续诉讼中各方当事人产生已记载事实的免证后果（特殊情况除外），后者系当事人一方在诉讼中为达成调解或和解，而在调解过程中对不利于己方事实的自认或对权利的自我处分，如果调解不成，该"自认"不得在其后的诉讼中作为对自认方不利的证据。

二、无争议事实记载机制的效力

依无争议事实记载机制记载的事实，经过调解组织或者调解员、双方当事人共同签名后，具有证明效力。当事人在纠纷进入诉讼程序后，记载的事实可以作为证据使用，当事人对记载的事实无需再另行举证证明，但当事人举证证明记载的事实涉及国家利益、社会公共利益和他人合法权益的除外。

人民法院在审理民事案件中，对当事人一方提供的无争议事实记载机制记载的事项，应当进行审查。经审查符合确认条件及程序的，可就记载的事实直接予以确认，不再组织当事人举证、质证。不符合确认条件及程序的，不作为证据采纳。对不予采纳的，人民法院应当告知当事人不予采纳的理由。经审查记载事项不符合确认条件及程序的，人民法院应当将相关情况书面通知原调解组织或者调解员。

——李少平主编：《最高人民法院多元化纠纷解决机制改革意见和特邀调解规定的理解与适用》，人民法院出版社2017年版，第224~225页。

38.人民法院确认当事人达成的以物抵债协议的民事调解书,并不能直接发生物权变动效力

有关部门就以物抵债调解书是否具有发生物权变动效力的问题征求最高人民法院研究室意见。我室经研究认为:《物权法》第二十八条①规定的"人民法院的法律文书"应当包括判决书、裁定书和调解书。但以物抵债调解书只是对当事人之间以物抵债协议的确认,其实质内容是债务人用以物抵债的方式来履行债务,并非对物权权属的变动。因此,不宜认定以物抵债调解书能够直接引起物权变动。

——《最高人民法院研究室关于以物抵债调解书是否具有发生物权变动效力的研究意见》,载最高人民法院研究室编:《司法研究与指导》2012年第1期,人民法院出版社2012年版。

郭某田与姚某义等案外人执行异议之诉案［最高人民法院（2018）最高法民再445号民事判决书］

裁判要旨:《物权法》第二十八条规定:"因人民法院、仲裁委员会的法律文书或者人民政府的征收决定等,导致物权设立、变更、转让或者消灭的,自法律文书或者人民政府的征收决定等生效时发生效力。"该条规定虽未列举有关引起物权变动的生效法律文书的类型,但并不意味着包括调解书在内的所有法律文书均可导致物权变动,其重点在于强调物权变动的时间以法律文书生效时为准。至于何种生效法律文书能够导致物权变动,还应结合其他法律、司法解释的规定、基本的物权变动法理以及当事人之间的基本利益平衡和交易安全综合考虑。应当认为,导致物权变动的人民法院的法律文书,是指直接为当事人创设或者变动物权的判决书、裁定书、调解书,此类文书具有与登记等公示方法相同的效力,因而无须再进行一般的物权公示即可直接发生物权变动效力。因此,可以导致物权变动的生效法律文书必须具有直接导致物权变动的内容,并以此为限。

---

① 现为《民法典》第二百二十九条。

最高人民法院认为：根据双方当事人的再审请求及答辩意见，本案再审的焦点问题是，姚某义对案涉土地使用权是否享有足以排除强制执行的民事权益。该问题取决于对河南省驻马店市中级人民法院（2014）驻民一初字第00007号民事调解书能否产生物权变动效力的分析和判断。关于物权取得和变动问题，《中华人民共和国物权法》第九条①规定："不动产物权的设立、变更、转让和消灭，经依法登记，发生效力；未经登记，不发生效力，但法律另有规定的除外。"因物权具有对抗第三人的效力，故我国法律原则上采取登记主义的物权变动模式，也即不动产物权的设立、变更、转让和消灭必须经过登记才可发生效力。人民法院确认当事人达成的以物抵债协议的民事调解书，并不能直接发生物权变动效力。理由如下：

《中华人民共和国物权法》第二十八条②规定："因人民法院、仲裁委员会的法律文书或者人民政府的征收决定等，导致物权设立、变更、转让或者消灭的，自法律文书或者人民政府的征收决定等生效时发生效力。"该条规定虽未列举有关引起物权变动的生效法律文书的类型，但并不意味着包括调解书在内的所有法律文书均可导致物权变动，其重点在于强调物权变动的时间以法律文书生效时为准。至于何种生效法律文书能够导致物权变动，还应结合其他法律、司法解释的规定、基本的物权变动法理以及当事人之间的基本利益平衡和交易安全综合考虑。应当认为，导致物权变动的人民法院的法律文书，是指直接为当事人创设或者变动物权的判决书、裁定书、调解书，此类文书具有与登记等公示方法相同的效力，因而无须再进行一般的物权公示即可直接发生物权变动效力。因此，可以导致物权变动的生效法律文书必须具有直接导致物权变动的内容，并以此为限。为明晰该生效法律文书的范围，2016年3月1日实施的原《物权法解释（一）》第七条规定："人民法院、仲裁委员会在分割共有不动产或者动产等案件中作出并依法生效的改变原有物权关系的判决书、裁决书、调解书，以及人民法院在执行程序中作出的拍卖成交裁定书、以物抵债裁定书，应当认定为《物权法》第二十八条所称导致物权设立、变更、转让或者消灭的人民法院、仲裁委员会的法律文书"。虽然

---

① 现为《民法典》第二百零九条。
② 现为《民法典》第二百二十九条。

该解释对施行前已经受理、施行后尚未审结的一、二审案件，如本案，并不适用，但该解释与《中华人民共和国物权法》第二十八条的规定并不冲突，与前述对何种生效法律文书能够导致物权变动的认识亦一以贯之。

具体到本案，案涉民事调解书是对鸿某来公司与姚某义达成的以物抵债调解协议的确认，而以物抵债调解协议的本质属于债的范畴，只能表明鸿某来公司与姚某义达成以土地使用权抵偿债务的利益安排，产生的直接后果是姚某义取得要求鸿某来公司转移案涉土地使用权的请求权。此时创设物权仍要按照法律规定的物权变动规则进行，即办理过户登记，方可发生物权变动之效果。在变更登记之前，案涉土地使用权仍属于鸿某来公司，姚某义享有的民事权益并不优于郭某田，因此不足以排除另案的强制执行，其诉讼请求应予驳回。姚某义辩称，本案应适用《执行查封规定》第十七条、《异议复议规定》第二十八条的规定，但上述规定不适用于本案就土地使用权达成以物抵债协议的情形，故该抗辩理由，本院不予采信。

——中国裁判文书网。

39.人民法院审理共有物分割纠纷案件应注重调解，促成共有人达成分割协议

在审判实践中，如果共有人之间能够对共有物分割达成协议，最为上策。因此，人民法院在审理共有物分割纠纷案件时，应注重调解，促成共有人之间达成分割协议。如果调解不成，应当以实物分割为优先选择。在不具备实物分割的条件下，可以考虑折价或者变价分割。关于共有物的瑕疵担保问题，共有物分割中能不能参照适用买卖合同的瑕疵担保责任？一定意义上，共有物分割取得的单独所有权与通过买卖取得的单独所有权，在性质上具有一定的相似，因此可以参考买卖合同中瑕疵担保责任。如《民法典》第六百一十二条规定：出卖人就交付的标的物，负有保证第三人对该标的物不享有任何权利的义务，但是法律另有规定的除外。

——最高人民法院民法典贯彻实施工作领导小组编著：《中华人民共和国民法典物权编理解与适用》，人民法院出版社2020年版，第506页。

40.人民法院是否可在民事调解书中明确当事人享有建设工程价款优先受偿权

何某伟与孔某林、重庆某建设有限公司、重庆某实业有限公司第三人撤销之诉纠纷案〔最高人民法院（2022）最高法民申22号民事裁定书〕

裁判要旨：建设工程价款优先受偿权是法定优先权，对于在人民法院调解书中明确建设工程价款享有优先受偿权的情形，法律、法规及司法解释并未予以禁止。故人民法院在作出的民事调解书中确认当事人在应收工程价款范围内享有优先受偿权，并无不当。

最高人民法院认为：第一，203号案件调解孔某林享有优先受偿权并无不当。建设工程价款优先受偿权是法定优先权，对于在人民法院调解书中明确建设工程价款享有优先受偿权的情形，法律、法规及司法解释并未予以禁止。本案中，某建设公司从某公司处承包案涉工程后，孔某林作为某三期科技孵化楼项目部负责人与某建设公司签订《工程项目管理合同》并向某建设公司实际交纳保证金200万元，某公司、某建设公司均认可案涉工程由孔某林挂靠某建设公司承建，工程实际由孔某林施工完成。（2016）渝0105民破5、7、8、9号民事裁定书载明：某公司与某建设公司系集团化运作模式，实际控制人为同一自然人，某公司的总经理、财务负责人均由某建设公司任命并核发工资，所有资产均属于某建设公司和实际控制人。由此，某公司对案涉工程实际由孔某林借用某建设公司资质施工是明知或应知的，孔某林与某公司之间形成事实上的建设工程施工合同关系，203号案件调解确认孔某林在应收工程价款范围内享有优先受偿权并无不当。

第二，何某伟提交的"新的证据"不足以推翻原判决。何某伟提交某公司、某建设公司《职工债权明细表》作为"新的证据"，拟证明孔某林是某建设公司员工。本院认为，孔某林和某建设公司对何某伟提出某建设公司为孔某林交纳社会保险并确认职工债权的问题均作出了合理解释，即基于孔某林与某建设公司多个项目合作，孔某林将款项支付给某建设公司，由某建设公司代缴社会保险，而职工债权确认的金额3488844.45元实际是某建设公司其他项目差欠的含民工工资在内的工程款项。结合孔某林交纳案涉项目保证金、参与案涉工程建设的情况来看，前述证据并不能否认孔某林实际参与案涉工程建设，不足以推翻原判决。

第三，何某伟主张某建设公司出具《放弃优先受偿权承诺书》后与孔某林恶意串通达成203号民事调解书，损害其财产权益的理由亦不能成立。首先，何某伟提交的《放弃优先权承诺书》并无落款日期，无相关人员签字，某建设公司也对其真实性提出了异议，且该承诺书的内容损害了建筑工人利益，故不应依据《放弃优先权承诺书》而排除建设工程优先受偿权。其次，孔某林签订《工程项目管理合同》及交纳保证金均发生在2012年，而何某伟与某公司签订借款和抵押合同在2014年，且203号案件经一次证据交换、三次庭审、两次组织调解后才达成调解协议，故无论从时间顺序还是案件的审理情况来看，均无法得出孔某林与某建设公司恶意串通达成203号民事调解书的结论。

——中国裁判文书网。

41.人民法院审理一方起诉请求解除收养关系的案件应注重调解

养父母抚养养子女至成年，表明双方收养关系已存续较长时间，养父母为抚养养子女付出很多，双方已有一定亲情基础，如果随意解除收养关系，养子女无法回报养父母的养育之恩，与中华民族知恩图报的传统美德不符，且养父母未来的养老问题也将面临困难。人民法院在审理一方起诉请求解除收养关系的案件时，应注重调解。对于双方仅因生活琐事产生纠纷，一时激情起诉要求解除收养关系的，人民法院应以说服劝导为主，动之以情、晓之以理，尽可能维系收养关系；对于双方确实积怨已深，存在不可调和的矛盾，尤其是养父母在养育过程中曾有不履行抚养义务、遗弃或虐待养子女等严重伤害养子女感情的行为，或养子女成年后有不赡养、遗弃或虐待养父母行为，双方亲子感情确已无法修复的，应及时判决解除收养关系，并根据当事人提出的诉讼请求，依法对解除收养后的财产关系一并审理并判决。

——最高人民法院民法典贯彻实施工作领导小组编著：《中华人民共和国民法典婚姻家庭编继承编理解与适用》，人民法院出版社2020年版，第454页。

二、非诉调解

42.加强诉讼与非诉讼解纷方式的衔接配合

20.完善多元化纠纷解决机制。推动综治组织、行政机关、人民调解组织、商事调解组织、行业调解组织、仲裁机构、公证机构等各类治理主体发挥预防与化解矛盾纠纷的作用,完善诉调对接工作平台建设,加强诉讼与非诉纠纷解决方式的有机衔接,促进纠纷的诉前分流。完善刑事诉讼中的和解、调解。促进行政调解、行政和解,积极支持行政机关依法裁决同行政管理活动密切相关的民事纠纷。

——《最高人民法院关于进一步推进案件繁简分流优化司法资源配置的若干意见》(2016年9月12日,法发〔2016〕21号)。

一、完善形式多样、覆盖全面的诉调对接制度

在立案登记制改革背景下,各级人民法院贯彻落实《民事诉讼法》规定的先行调解原则,建立完善了诉调对接各项制度。一是推动创设了司法确认制度。2004年《最高人民法院关于人民法院民事调解工作若干问题的规定》首次提出司法确认程序,2007年部分法院开始试点,2009年《关于建立健全诉讼与非诉讼相衔接的矛盾纠纷解决机制的若干意见》进一步完善司法确认制度,《人民调解法》和《民事诉讼法》在法律层面上肯定了司法确认的独立程序价值。二是推动调解方式的多样化。《特邀调解规定》要求各级人民法院建立特邀调解制度,完善特邀调解组织和特邀调解员名册制度,规范了特邀调解程序,通过委派调解或者委托调解,发挥社会力量的作用;《深化多元改革意见》推动建立律师调解制度,发挥法律专业人才在化解纠纷方面的优势;建立法院专职调解员制度,合理配置法院系统内部资源。

二、创新高效便捷、灵活开放的诉调对接机制

在多元化纠纷解决机制建设中,法院通过创新民商事纠纷中立评估机制、无争议事实记载、无异议方案认可机制,丰富和发展多元化纠纷解决机制体系;探索建立调解前置程序,引导当事人在登记立案前选择特邀调解组织或特邀调解员先行调解;通过在线纠纷解决方式,建设集网上立案、案件查询、网上咨询、在线调解等功能为一体的在线纠纷解决系统,为人民群众提供经济、方便、快捷、高效的纠纷解决渠道;全面发挥繁简分流机制、小额速裁程序、督促程序的作用,畅通案件分流渠道,最大程度地满足当事人的多元司法需求。

——李少平:《努力构建具有中国特色的多元化纠纷解决体系》,载李少平主编:《最高人民法院多元化纠纷解决机制改革意见和特邀调解规定的理解与适用》,人民法院出版社2017年版,第481~482页。

进一步推动诉讼与非诉讼方式的有机衔接、相互协调,提升不同纠纷解决方式的整体合力。《深化多元改革意见》要求各级法院完善诉讼与综治组织、行政机关、人民调解组织、商事调解组织、行业调解组织、仲裁机构、公证机构等各个诉讼外纠纷解决主体的对接,形成化解矛盾纠纷的合力。作为纠纷解决的不同方式,诉讼和非诉讼方式不可能也不应当相互分离,更需要二者的有机结合和有效互动。如何做到诉讼、非诉讼的"无缝对接"?笔者认为应把握好以下三个方面:首先,人民法院在多元化纠纷解决机制中仍然发挥着核心作用,要进一步强化诉讼的权威性,把诉讼定位于解决多数纠纷的"最后一道防线"。与此同时,对通过非诉讼方式调解达成协议的,法院也要充分发挥主导作用,依法或依当事人申请做好协议备案、司法确认、制作调解书、作出相关裁定等工作。对调解不成当事人坚持起诉的,依法做好登记立案工作。其次,要积极发展法院附设ADR,即在法院主导下或者在法院委托、指派人员的主导下进行的,以非诉讼方式解决纠纷的活动。《深化多元改革意见》亮点之一就是确立了特邀调解制度。人民法院吸纳符合条件的人民调解、行政调解、商事调解、行业调解等调解组织或者个人成为特邀调解组织或特邀调解员。这一制度设计填补了法院委派与委托调解的主体和处理

程序规定方面的空白，明确了特邀调解的法律地位，进一步完善了调解制度体系，推动了法院附设调解在纠纷解决中发挥作用。最后，依靠党委统一领导和政府有力支持，构建沟通协调不同纠纷解决方式的有效平台。在目前体制下，党委政府掌握着重要的资源配置权力，由其通过综合治理协调各部门力量参与矛盾纠纷的调处工作，推动多元化纠纷解决机制的完善，更具现实性。就法院而言，在推进多元化纠纷解决机制改革的过程中，要正确定位，积极参与，立足自身职能，推动实现诉讼机制与非诉机制之间全方位、深层次的衔接互动。

——刘贵祥：《积极构建多方力量共同参与纠纷解决的新格局》，载李少平主编：《最高人民法院多元化纠纷解决机制改革意见和特邀调解规定的理解与适用》，人民法院出版社2017年版，第495~496页。

与诉讼程序的对接是指商事调解组织、行业调解组织在促成当事人之间达成调解协议后，如何引导当事人通过启动人民法院督促程序、申请公证机构办理公证债权文书、申请司法确认等方式，督促当事人履行义务，或赋予调解协议强制执行力，确保调解协议中给付义务之履行。具体方式如下：

商事调解组织、行业调解组织调解员主持下所达成的和解协议、调解协议，当事人签字或盖章后，协议内容具有金钱或有价证券为给付的，义务方当事人不履行或拒绝履行，权利方当事人可以向有管辖权的基层人民法院申请支付令。

商事调解组织、行业调解组织调解员主持下所达成的和解协议、调解协议，当事人签字或盖章后，具有民事合同性质，和解协议、调解协议具有给付内容的，可以共同向公证机构申请办理具有强制执行效力的公证债权文书，义务方当事人不履行的，权利方当事人可以向有管辖权的人民法院申请强制执行。商事调解组织、行业调解组织调解员主持下所达成的和解协议、调解协议，当事人签字或盖章后，双方当事人可以向调解组织所在地基层人民法院申请司法确认。

——李少平主编：《最高人民法院多元化纠纷解决机制改革意见和特邀调解规定的理解与适用》，人民法院出版社2017年版，第86~86页。

43.特邀调解终止后应与法院进行工作交接

调解终止后,特邀调解组织或特邀调解员应当与法院进行工作交接。委派调解达成调解协议,特邀调解员应当将调解协议提交人民法院备案。当事人依法申请司法确认的,人民法院应依法受理。委托调解达成调解协议的,特邀调解员应当向人民法院提交调解协议,由人民法院审查并制作调解书结案。达成调解协议后,当事人申请撤诉的,人民法院应当依法作出裁定。委派调解未达成协议的,调解员应当将当事人的起诉状等材料移送人民法院;当事人坚持诉讼的,人民法院应当依法登记立案。委托调解未达成协议的,人民法院应当及时转入审判程序审理。调解未达成协议转入审判程序的,还应当注意调解员角色冲突与证据限制的问题。

——李少平主编:《最高人民法院多元化纠纷解决机制改革意见和特邀调解规定的理解与适用》,人民法院出版社2017年版,第163页。

44.人民法院接到特邀调解员虚假调解报告后的处理

不论是特邀调解员发现虚假调解可能性上报给特邀调解组织,还是直接上报给法院,法院接到报告后都应当对是否构成虚假调解或者恶意调解进行审查,并根据审查情况作出相应处理。法院在审查过程中主要审查是否符合虚假调解的构成要件:(1)调解各方当事人是否有恶意串通等行为;(2)各方当事人是否通过特邀调解等方式;(3)恶意串通等行为有无侵害国家利益、公共利益或者他人合法权益。

根据委派调解与委托调解不同的性质与特点,法院收到报告后采取的措施并不相同。对于委派调解的纠纷,由于纠纷还未进入法院立案系统,因此法院无权直接予以处理。但是鉴于虚假调解对社会、对调解制度的发展以及对第三人合法权益产生的危害性,在委派调解中一旦发现有虚假调解可能的,特邀调解员应当立即终止调解活动。对于委托调解案件,由于案件已经进入法院的立案系统,法院对案件具有管辖权,法院可以根据民事诉讼法及相关司法解释处理,根据情节轻重予以罚款、拘留等强制性措施;构成犯罪的,依法追究刑事责任；如果经审查不符合虚假调解构成要件的，应当征求当事人的意见，直接进入庭审程序或者恢复调解程序。如果直接进入庭审程序，原来参与调解活动的特邀调解员不得在后续诉讼程序中担任人民陪审员、诉讼代理人、证人等；如果当事人提出要求更换调解员的，按照《特邀调解规定》第十三条的规定，可以更换特邀调解员。

——李少平主编：《最高人民法院多元化纠纷解决机制改革意见和特邀调解规定的理解与适用》，人民法院出版社2017年版，第430~431页。

45.关于调解协议司法确认案件申请主体、申请范围及案件管辖的规定

1.关于调解员主持达成的调解协议的处理。2021年《民事诉讼法》未将"依法任职的调解员调解达成的调解协议"纳入司法确认范围，旨在强调非诉调解的严肃性和规范性，强化调解组织的监督管理作用，增强调解协议的权威性和公信力，防止虚假调解和不当确认。因此，在司法实践中，对于调解员以个人名义主持达成的调解协议，不能再予以司法确认。实践中，可以鼓励调解员加入依法设立的调解组织，以调解组织名义开展调解工作。

2.关于司法确认案件管辖规则的适用实践中需重点把握以下三个方面。

一是"邀请调解组织开展先行调解"的含义。2021年《民事诉讼法》第二百零一条第一项中的"邀请"是指人民法院特邀调解制度的"特邀"，"先行"是指"诉前"，实质含义即"人民法院诉前委派调解"。考虑到《民事诉讼法》中未出现过"特邀"和"委派"的概念，而"邀请"和"先行调解"先前已有规定，其含义可以直接对应"特邀"和"委派调解"，所以在修改后的条文中采纳了现有概念和表述，意为"诉前委派调解的，向作出委派的人民法院提出司法确认申请"。需要注意的是，中级人民法院委派调解的纠纷也可以适用该规则。

二是"调解组织自行调解"的管辖规则应遵循实际联系原则。"调解组织自行调解"是指非经人民法院委派，由当事人自主申请或调解组织主动调解的调解类型。针对这类调解协议，2021年《民事诉讼法》在坚持遵循实际联系原则的基础上，将管辖连接点从"调解组织所在地"扩展到"当事人住所

地"和"标的物所在地",增加管辖连接点,为当事人申请司法确认提供了便利,也通过坚持实际联系原则,便于人民法院审查和执行调解协议,有利于加强对调解组织的监督和指导。需要指出的是,司法确认作为特别程序,并不以法院对纠纷具有诉讼管辖权为前提,只需考虑符合管辖连接点要求。司法实践中,双方当事人向符合管辖连接点的多个法院申请司法确认的,由最先受理申请的法院管辖。

三是中级人民法院受理调解组织自行调解的司法确认申请管辖规则。《民事诉讼法》第二百零五条第二项规定:"……调解协议所涉纠纷应当由中级人民法院管辖的,向相应的中级人民法院提出。"司法实践中,金融法院、知识产权法院、海事法院等专门人民法院也可以适用该条。法条中未单独列明"专门人民法院",主要是考虑到民事诉讼法的立法表述惯例,并未将专门人民法院排除在适用范围之外。该条中的"调解协议所涉纠纷应当由中级人民法院管辖的",主要是指该纠纷如果提起诉讼,其标的额、案件类型等,符合级别管辖或专门管辖标准的,应当由中级或专门人民法院管辖。"向相应的中级人民法院提出",并非指向具有诉讼管辖权的中级或专门人民法院提出,而是应当遵循本项前半句的管辖连接点的规定,向"当事人住所地、标的物所在地、调解组织所在地"的中级或专门人民法院提出。

——最高人民法院民法典贯彻实施工作领导小组办公室编著:《最高人民法院新民事诉讼法司法解释理解与适用》,人民法院出版社2022年版。

46.委托调解达成调解协议后当事人申请撤诉的处理

一般情况下,委托调解达成调解协议的,由人民法院审查后出具调解书结案,可以保障调解的权威性,有利于纠纷的化解。但是,在实践中,有部分当事人达成和解协议后,出于已经自动履行或者不愿意由法院出具调解书等原因,选择申请法院撤诉。此时,法院应当根据当事人的申请,对撤诉申请作出审查,并作出裁定。

撤诉,又称诉之撤回,是指在诉讼体系中,原告求受诉法院毋就其所提之诉继续为裁判之意思表示。[1]撤诉具体是指当事人将已成立之诉撤销,从而

---

[1] 占善刚:《关于撤诉的几个问题》,载《法学评论》2003年第4期。

结束正在进行的诉讼程序。多数情况是原告提出撤诉,但因为在诉讼中还有一些当事人在诉讼地位上相当于原告(如提起反诉的被告、有独立请求权的第三人等),这一意义上的撤诉也就当然地包括了撤回反诉、第三人之诉以及撤回抗诉;广义的撤诉是指当事人撤回诉的行为,既包括当事人在一审程序中撤回起诉,也包括在上诉审理程序中撤回上诉,再审程序中提起抗诉的检察机关撤回抗诉。虽然委托调解案件绝大多数为一审案件,但是《特邀调解规定》中并没有排除二审案件、再审案件委托调解的可能性,不过法院对撤诉的审查以及作出撤诉裁定主要针对的还是一审案件。

根据《民事诉讼法》第十三条和第一百三十一条[①]第一款规定,当事人有权在法律规定的范围内处分自己的诉讼权利,在民事诉讼中享有撤诉权。民事诉讼法学理上将这两条延伸解释为撤诉的四个条件:(1)提出撤诉申请的人必须是原告或者经过原告特别授权的委托代理人;对没有诉讼行为能力的原告,由他的法定代理人提出。(2)申请撤诉必须自愿。(3)申请撤诉必须符合法律规定,即撤诉不得侵犯国家、集体或者他人的合法权益,不得违反公序良俗或规避法律企图逃避法律制裁。(4)申请撤诉须在人民法院宣判前提出。法院在接到当事人撤诉申请后也主要从这四个方面进行审查,如果符合法律及司法解释等相关规定,可以作出准予撤诉的裁定;如果不符合,也可以作出不予撤诉的裁定,那么应当恢复庭审程序,继续对案件进行审理。

——李少平主编:《最高人民法院多元化纠纷解决机制改革意见和特邀调解规定的理解与适用》,人民法院出版社2017年版,第438页。

47.禁止邀请宗教人士利用信教群众的宗教信仰处理农村矛盾纠纷

坚持政教分离政策,严禁宗教干预国家司法职能的实施。禁止邀请宗教人士利用信教群众的宗教信仰来处理农村矛盾纠纷。正确把握宗教教义与民族习惯、社会道德的边界,依法惩处打着宗教旗号侵害广大信教群众、农村群众的婚姻自由权、人身自由权、人格尊严权、信仰与不信仰宗教自由权和财产权等合法权益的行为,依法严厉打击组织和利用邪教组织犯罪。通过巡回审理、以案说法等方式,教育引导广大信教群众正确认识和处理国法和教

---

① 现为《民事诉讼法》(2023年修正)第一百三十四条。

规的关系,提高法治观念。

——《最高人民法院印发〈关于为实施乡村振兴战略提供司法服务和保障的意见〉的通知》(2018年10月23日,法发〔2018〕19号)(节选)。

乡村治理是国家治理的重要内容,治理有效是实现乡村振兴的重要方面。发挥司法审判职能,正确处理自治、法治和德治的关系,积极参与乡村治理。依法依规保护村民自治权利,审慎把握村民自治与国家法治之间的边界,注重发挥好德治的作用。坚持政教分离政策,严禁宗教干预国家司法事务。依法严厉打击组织和利用邪教组织犯罪。建立健全涉农纠纷多元化解决机制,增强矛盾纠纷预防化解的整体合力。坚持"三个面向"和"两便"原则,发挥人民法庭靠近乡村、贴近群众的优势,切实开展好人民法庭工作。

当前乡村治理不同于我国古代依靠宗法制度建立的治理体系,也有别于我国城市地区的治理。村民自治在乡村治理中具有重要作用。依法依规保护村民的自治权利,坚持农民在乡村振兴战略中的主体地位,准确把握村民自治与国家法治的关系。既不能干预、妨碍村民自治,又要注意保护村民的基本权利,防止简单以村民自治为由损害村民的人格权利和基本财产权利。在实行自治和法治的同时,注重发挥好德治的作用。坚持寓德治于法治,用法治促德治,让柔性的道德获得有力的推行,使道德与法律相得益彰。通过发挥司法审判的道德引导、行为规范作用,推动礼仪之邦、优秀传统文化和法治社会建设相辅相成。

——江必新:《解读〈关于为实施乡村振兴战略提供司法服务和保障的意见〉》,载《解读最高人民法院司法指导性文件(综合卷)》,人民法院出版社2019年版,第176、178页。

48.关于司法确认案件管辖规则的适用

一是"邀请调解组织开展先行调解"的含义。2021年《民事诉讼法》第二百零一条第一项中的"邀请"是指人民法院特邀调解制度的"特邀","先行"是指"诉前",实质含义即"人民法院诉前委派调解"。考虑到民事诉讼法中未出现过"特邀"和"委派"的概念,而"邀请"和"先行调解"先前已有规定，其含义可以直接对应"特邀"和"委派调解"，所以在修改后的条文中采纳了现有概念和表述，意为"诉前委派调解的，向作出委派的人民法院提出司法确认申请"。需要注意的是，中级人民法院委派调解的纠纷也可以适用该规则。

二是"调解组织自行调解"的管辖规则应遵循实际联系原则。"调解组织自行调解"是指非经人民法院委派，由当事人自主申请或调解组织主动调解的调解类型。针对这类调解协议，2021年《民事诉讼法》在坚持遵循实际联系原则的基础上，将管辖连接点从"调解组织所在地"扩展到"当事人住所地"和"标的物所在地"，增加管辖连接点，为当事人申请司法确认提供了便利，也通过坚持实际联系原则，便于人民法院审查和执行调解协议，有利于加强对调解组织的监督和指导。需要指出的是，司法确认作为特别程序，并不以法院对纠纷具有诉讼管辖权为前提，只需考虑符合管辖连接点要求。司法实践中，双方当事人向符合管辖连接点的多个法院申请司法确认的，由最先受理申请的法院管辖。

三是中级法院受理调解组织自行调解的司法确认申请管辖规则。《民事诉讼法》第二百零五条第二项规定："……调解协议所涉纠纷应当由中级人民法院管辖的，向相应的中级人民法院提出。"司法实践中，金融法院、知识产权法院、海事法院等专门人民法院也可以适用该条。法条中未单独列明"专门人民法院"，主要是考虑到民事诉讼法的立法表述惯例，并未将专门人民法院排除在适用范围之外。该条中的"调解协议所涉纠纷应当由中级人民法院管辖的"，主要是指该纠纷如果提起诉讼，其标的额、案件类型等，符合级别管辖或专门管辖标准的，应当由中级或专门人民法院管辖。"向相应的中级人民法院提出"，并非指向具有诉讼管辖权的中级或专门人民法院提出，而是应当遵循本项前半句的管辖连接点的规定，向"调解组织所在地、当事人住所地、标的物所在地"的中级或专门人民法院提出。

——最高人民法院民法典贯彻实施工作领导小组办公室编著：《最高人民法院新民事诉讼法司法解释理解与适用》，人民法院出版社2022年版，第765~766页。

49.调解协议申请司法确认的具体情形

实践中，当事人之间的纠纷经由人民调解组织、行政调解组织、商事调解组织、行业调解组织及其他调解组织处理后达成的调解协议，当事人申请法院进行司法确认的情形，大致可以分为以下四种情形。

第一种情形，当事人的纠纷在诉讼外接受各种调解组织调解并达成协议后，到法院申请确认。对于这一类案件，法院应当通知双方当事人同时到场并当面进行询问。

第二种情形，立案前人民法院委派有关调解组织进行调解达成协议的，当事人申请法院确认。这主要是当前法院主导推动的"委派调解"，也称为"诉前调解"。通常是当事人到法院起诉时，人民法院在收到起诉状或者口头起诉之后、正式立案之前，可以依职权或者经当事人申请，委派行政机关、人民调解组织、商事调解组织、行业调解组织或者其他具有调解职能的组织进行调解，达成协议后，当事人可以向法院申请司法确认。这类案件由于法院前期指导得比较到位，审查程序可以相应简化。实践中，有的法院建立了"诉调对接中心"等组织机构，由法院特邀调解组织或者特邀调解员进驻法院，专门处理法院分流出来的适宜调解的民事案件。《诉讼与非诉讼衔接机制意见》及《诉讼与非诉讼衔接机制试点方案》也对此作出了明确规定。

第三种情形，立案后人民法院再把案件委托给特邀调解组织或者特邀调解员进行调解达成协议的。这种情形称为"委托调解"。针对这类案件，当事人达成调解协议后，有两种处理方式：一是当事人达成调解后申请撤诉；二是当事人达成调解协议，申请法院审查后制作调解书。需要注意的是，立案前已经委派给相关调解组织调解的案件，立案后不宜再委托调解，以免使当事人误认为法院在拖延诉讼，但当事人同意委托调解的除外。

无论是立案前的委派调解，还是立案后的委托调解，尊重当事人的意愿和选择至关重要。对于立案前，当事人不同意调解或者在商定、指定时间内不能达成调解协议的，人民法院应当依法及时立案。立案后委托调解结束后，有关机关或者组织应当将调解结果告知法院，调解不成的，法院应当及时审判，不得拖延诉讼。

第四种情形，立案后由审判组织指派法院专职调解员对当事人的纠纷主持调解。法院专职调解员可以是法官，也可以是有调解经验的司法辅助人员。法院专职调解员就当事人之间的纠纷调解达成协议后，可以由担任专职调解员的法官制作民事调解书。许多法院在诉调对接改革中通过这种新机制，分流大量民事纠纷，减少了进入审判程序的案件数量。

——最高人民法院民法典贯彻实施工作领导小组办公室编著：《最高人民法院新民事诉讼法司法解释理解与适用》，人民法院出版社2022年版，第776~777页。

50.中级人民法院委派调解达成调解协议司法确认案件的管辖

另外，关于中级人民法院委派调解达成的调解协议进行司法确认时的管辖问题。《关于适用〈中华人民共和国民事诉讼法〉的解释》明确规定，司法确认程序只适用于基层人民法院或人民法庭，中级以上人民法院不能对调解协议进行司法确认。但在实践中，一些知识产权纠纷、海事纠纷、商事纠纷标的额大、情况复杂，从诉讼管辖的角度，应由中级以上人民法院审理。中级法院在进行诉前委派调解后，无法直接对调解协议进行司法确认，而只能由调解组织所在地的基层人民法院进行司法确认。这样就导致了诉讼与非诉讼衔接的脱节，影响了中级以上法院委派调解的积极性。为解决衔接问题，实践中主要有两种做法：一种做法是，中级法院委派调解的案件，调解组织调解达成协议当事人申请司法确认的，由中级法院指派辖区内基层法院进行司法确认；另一种做法是，中级法院委派调解的案件，调解组织达成协议后，当事人再重新到中级法院立案，中级法院作为诉讼案件出具民事调解书。但当事人需交纳一半诉讼费，且增加了当事人的诉累。最根本的做法是，建议修改民事诉讼法，取消司法确认案件只能由基层人民法院受理的限制。

《民事诉讼法司法解释》第三百五十三、三百五十四条也明确规定了申请司法确认的管辖法院。但就目前司法实践中存在两个问题尚未明确规定。第一，按照法律规定应当向基层法院申请司法确认，但是所涉金额又达到了本地区中级法院管辖的一审民商事案件标准的情况。我们认为，针对这样的案件,还是应该按照法律规定由基层法院及其派出法庭进行司法确认。因为从法律及司法解释的规定来看,申请司法确认的管辖法院是特邀调解组织所在地的基层法院及其派出法庭,对于申请司法确认的调解协议并未规定标的金额的限制。第二,中级法院委派调解案件达成调解协议,能否向该中级人民法院申请司法确认的问题。一般认为,针对中级法院委派调解达成调解协议,可以由中级法院指定辖区内特邀调解组织所在地基层法院管辖。

——李少平主编:《最高人民法院多元化纠纷解决机制改革意见和特邀调解规定的理解与适用》,人民法院出版社2017年版,第289~290页,第434页。

51.依无异议调解方案认可机制达成的调解协议可申请司法确认

探索无异议调解方案认可机制。经调解未能达成调解协议,但是对争议事实没有重大分歧的,调解员在征得各方当事人同意后,可以提出调解方案并书面送达双方当事人。当事人在七日内未提出书面异议的,调解方案即视为双方自愿达成的调解协议;提出书面异议的,视为调解不成立。当事人申请司法确认调解协议的,应当依照有关规定予以确认。

——《最高人民法院关于人民法院进一步深化多元化纠纷解决机制改革的意见》(2016年6月28日,法发〔2016〕14号)(节选)。

作为最大可能促成合意、促进纠纷快速解决的新机制,其效力的落脚点在于依据该机制达成的调解协议的效力。调解协议性质上属于私文书,调解组织或者调解员依据调解方案制作的调解协议与人民调解协议、行政调解协议的效力相同,具有合同效力,法律效力较弱,缺乏强制性,纠纷当事人即使随意反悔或违背协议内容也不会得到任何制约或制裁。《深化多元改革意见》为依据无异议调解方案认可机制达成的调解协议设置了司法确认机制,明确双方当事人可以申请人民法院对调解协议进行司法确认,进一步拓宽了司法确认适用的范围,通过司法确认机制赋予调解协议强制执行力的保障,以有效避免循环诉讼,将无异议调解方案认可机制的作用落到实处。

——李少平主编:《最高人民法院多元化纠纷解决机制改革意见和特邀调

解规定的理解与适用》，人民法院出版社2017年版，第230~231页。

52.处理确认裁定错误的救济问题

司法确认案件实行一审终审，但实践中的确存在司法确认裁定发生错误的情形，当事人或者利害关系人如何救济？民事诉讼法对此没有作出明确规定。《人民调解协议司法确认程序规定》第十条仅规定了案外人在确认裁定错误时的救济途径，而没有规定当事人的救济途径。《民事诉讼法司法解释》第三百七十二条规定："适用特别程序作出的判决、裁定，当事人、利害关系人认为有错误的，可以向作出该判决、裁定的人民法院提出异议。经审查，异议成立或者部分成立的，作出新的判决、裁定撤销或者改变原判决、裁定；异议不成立的，裁定驳回。对人民法院作出的确认调解协议、准许实现担保物权的裁定，当事人有异议的，应当自收到裁定之日起十五日内提出；利害关系人有异议的，自知道或者应当知道其民事权益受到侵害之日起六个月内提出。"

结合有关法律、司法解释的精神和司法实践中的做法，我们认为确认裁定错误的救济有以下三种途径：

一是当事人确有证据证明原确认裁定存在错误的，可以提出异议申请法院撤销原确认裁定。《民事诉讼法解释》第三百七十二条对该项救济途径作出了规定。从以往赋予利害关系人救济途径的规定和司法实践中的做法分析，也应当赋予当事人申请撤销错误裁定的救济途径。提出异议的期限为当事人收到确认裁定之日起十五日内。

二是利害关系人认为法院确认裁定错误，其确认的调解协议侵害其合法权益，可以提出异议申请法院撤销确认裁定。该救济途径在《人民调解协议司法确认程序规定》中有明确规定。在此，首先必须明确的是，利害关系人向法院申请撤销对他人之间达成调解协议而作出的司法确认裁定，只能以调解协议侵害了其自身的合法权益作为申请事由。实践中通常有两种情形：第一种情形，利害关系人是与确认的调解协议中处理的涉案财物具有直接利害关系的人。实践中，有时会发生调解协议的双方当事人恶意串通损害第三人利益而谋取自身不正当或者非法利益的情形，即法院在审查调解协议时未发现恶意串通情形,作出了确认调解协议有效的裁定。这时,受损害的利害关系人可以依据《民事诉讼法解释》第三百七十二条,自知道或者应当知道其民事权益受到侵害之日起六个月内,向作出确认裁定的人民法院提出异议,申请撤销确认裁定。第二种情形,在调解过程中利害关系人并未参与,当事人之间达成的调解协议实质上却涉及甚至处分了其利益。法院在收到利害关系人主张调解协议侵害其合法权益并申请撤销的书面材料之后,应当告知利害关系人和双方当事人共同到法院接受询问。如果双方当事人均对利害关系人的主张无异议,法院则可以撤销原来的司法确认裁定。如果双方当事人对利害关系人的主张有异议,或者利害关系人一开始即以调解协议双方当事人通谋侵害自身合法权益作为申请事由的,法院应当告知利害关系人作为原告,以调解协议的双方当事人为共同被告,按照诉讼程序处理其三方之间的争议。这里需要强调的是,利害关系人提起异议申请撤销确认裁定的期限为利害关系人知道或者应当知道其民事权益受到侵害之日起六个月内,且必须向作出确认裁定的人民法院提出。

  三是人民法院发现确认裁定确有错误的,应当如何处理?民事诉讼法和本司法解释对此没有作出明确规定。但按照《民事诉讼法解释》第三百七十八条的规定,适用特别程序、督促程序、公示催告程序、破产程序等非诉程序审理的案件,当事人不得申请再审。这也就意味着人民法院发现确认裁定确有错误的,不能启动再审程序予以纠错。实践中的确存在当事人或利害关系人都未提出撤销确认裁定的申请,而法院发现确认裁定错误的情形。针对这种情形,我们认为可以参照其他特别程序的处理方式。如《民事诉讼法》第一百九十三条、第一百九十七条、第二百条规定,被宣告失踪、宣告死亡的重新出现,无民事行为能力人或限制行为能力的原因已经消除,或者财产认定无主后原财产所有人或者继承人出现的,人民法院应当作出新判决,撤销原判决。同理,人民法院作出司法确认裁定后,发现原确认裁定确有错误的,或者出现新情况、新事实的,可以参照特别程序中的这些规定,通过审查程序作出新裁定,撤销原裁定。人民法院发现确认裁定确有错误予以纠正时没有期限限制,即不受当事人十五日和利害关系人六个月的期限限制。

  ——最高人民法院民法典贯彻实施工作领导小组办公室编著:《最高人民法院新民事诉讼法司法解释理解与适用》,人民法院出版社2022年版,第

789~790 页。

53.司法确认案件不收费

《民事诉讼法》和《民事诉讼法解释》对人民法院办理司法确认案件是否收取费用均没有作出规定。但《人民调解协议司法确认程序规定》第十一条对人民调解协议的司法确认案件是否收费的问题作出了规定，即"人民法院办理人民调解协议司法确认案件，不收取费用"。随着多元化纠纷解决机制的发展，该条规定适用的范围可以拓展到人民调解协议之外的其他所有非诉讼的调解协议。司法确认案件不收费的主要目的是鼓励当事人通过非诉讼方式解决纠纷，这体现了司法确认程序便民利民和降低成本的特点。

——最高人民法院民法典贯彻实施工作领导小组办公室编著：《最高人民法院新民事诉讼法司法解释理解与适用》，人民法院出版社2022年版，第790~791页。

三、执行程序

54.执行完毕后的调解书因债务人的代理人的代理权限问题被撤销，但双方的债权债务关系未改变，不需要执行回转

发生法律效力的执行裁定，并不因据以执行的法律文书被撤销而撤销。新的执行依据改变了原执行内容，需要执行回转的，人民法院应作出执行回转的裁定；已执行的内容没有超出新的执行依据所确定内容的，人民法院应继续执行。

——最高人民法院执行局编：《人民法院办理执行案件规范（第二版）》，人民法院出版社2022年版，第133页。

55.对于仲裁裁决、调解书的不予执行,应当严格遵循法定程序、适用法定情形。在法无明文规定的情况下,不得随意扩大不予执行的情形

仲裁作为一种纠纷解决机制,是当事人意思自治的体现。仲裁裁决、调解书由仲裁机构适用法定程序作出,系具有强制执行力的生效法律文书。因此,人民法院应当尊重仲裁结果。对于仲裁裁决、调解书的不予执行,应当严格遵循法定程序、适用法定情形。在法无明文规定的情况下,不得随意扩大不予执行的情形。

《民事诉讼法》第二百三十七条[①]规定了被申请人可以申请不予执行仲裁裁决的七项事由,其中前六项均为程序性事由,第七项为"人民法院认定执行该裁决违背社会公共利益的,裁定不予执行"。《最高人民法院关于人民法院办理仲裁裁决执行案件若干问题的规定》(法释〔2018〕5号)对相关情形的审查和认定标准进行了细化。该规定第十一条规定:"人民法院对被执行人没有申请的事由不予审查,但仲裁裁决可能违背社会公共利益的除外。"第十七条规定:"被执行人申请不予执行仲裁调解书或者根据当事人之间的和解协议、调解协议作出的仲裁裁决,人民法院不予支持,但该仲裁调解书或者仲裁裁决违背社会公共利益的除外。"

因此,人民法院在审查不予执行仲裁裁决案件时,应当严格按照法律、司法解释规定的法定情形进行审查,以法律、司法解释规定的程序性事由审查为主。在对是否违背社会公共利益进行审查时,要注意对公共利益条款的适用范围加以严格限制。对于相关仲裁裁决、调解书仅可能损害特定债权人等特定主体利益,特定债权人亦可通过相关法定救济程序予以救济的,一般不宜将其视为损害社会公共利益,避免公共利益条款的适用尺度过宽。但如果债权人在借贷过程中确实存在利用自身优势地位实施"套路贷"等情形,违反法律、行政法规强制性规定,给债务人及社会稳定带来了不利影响的,人民法院可以以仲裁裁决、调解书违背社会公共利益为由,对仲裁裁决、调解书进行必要的审查并裁定不予执行,以维护当事人合法权益和社会公共利

---

① 现为《民事诉讼法》(2023年修正)第二百四十八条。

益，进一步推动仲裁行业的规范发展。

——薛圣海、何东奇：《执行审查部分问题解答》，载最高人民法院执行局编：《执行工作指导》2020年第3辑（总第75辑），人民法院出版社2020年版，第159页。

56.以民事调解书形式达成的以物抵债协议不足以排除另案的强制执行

郭某田与姚某义、泌阳某实业有限公司案外人执行异议之诉案［最高人民法院（2018）最高法民再445号民事判决书］

裁判要旨： 民事调解书是对当事人之间达成的以物抵债调解协议的确认，而以物抵债调解协议的本质属于债的范畴，只能表明当事人之间达成以物抵偿债务的利益安排，产生的直接后果是债权人取得要求债务人转移抵债物所有权的请求权，此时创设物权仍要按照法律规定的物权变动规则进行。

最高人民法院经审查认为：案涉民事调解书是对某公司与姚某义达成的以物抵债调解协议的确认，而以物抵债调解协议的本质属于债的范畴，只能表明某公司与姚某义达成以土地使用权抵偿债务的利益安排，产生的直接后果是姚某义取得要求某公司转移案涉土地使用权的请求权。此时创设物权仍要按照法律规定的物权变动规则进行，即办理过户登记，方可发生物权变动之效果。在变更登记之前，案涉土地使用权仍属于某公司，姚某义享有的民事权益并不优于郭某田，因此不足以排除另案的强制执行，其诉讼请求应予驳回。姚某义辩称，本案应适用《执行查封规定》第十七条[①]、《异议复议规定》第二十八条的规定，但上述规定不适用于本案就土地使用权达成以物抵债协议的情形，故该抗辩理由，不予采信。

——中国裁判文书网。

[①] 现为《最高人民法院关于人民法院民事执行中查封、扣押、冻结财产的规定》（2020年修正）第十五条。

57.当事人主张通过民事调解书取得案涉财产物权请求停止执行的请求能否获得支持

某农商行与蔡某元、惠某化工公司申请执行人执行异议之诉纠纷案〔最高人民法院（2021）最高法民申3715号民事裁定书〕

裁判要旨： 就人民法院出具的民事调解书而言，应限于导致物权变动的形成性文书，即在实体上具有在当事人之间形成或创设某种物权变动效果的调解书才属于法律规定的"导致物权设立、变更、转让或者消灭的"法律文书。且形成性文书在确定之时，无须强制执行即自动发生法律关系变动的效果。

结合某农商行的诉讼请求、人民法院出具的调解书以及某农商行申请强制执行的事实等分析，某农商行依据的调解书性质为给付性文书，并不属于前述法律和司法解释规定的导致物权变动的形成性文书，其对案涉房产土地并不享有物权。二审判决认定某农商行对案涉土地房产不享有排除强制执行的民事权益，并无不当。

最高人民法院认为，结合某农商行再审申请书载明的事由及其提供的证据，最高人民法院应主要审查的问题为：某农商行对案涉土地房产是否享有足以排除强制执行的民事权益。

根据已查明的有关事实，某农商行与惠某化工公司、赵某元、赵某、张某民、丁某田、魏某晶以及第三人山东滨州某庄园酒业有限公司、赵某金融借款合同纠纷，起诉至山东省惠民县人民法院，请求依法判令惠某化工公司、赵某元、赵某、张某民、丁某田、魏某晶偿还贷款本金及利息。2011年5月21日，山东省惠民县人民法院作出（2011）惠商初字第491号民事调解书，对某农商行与惠某化工公司等金融借款合同纠纷一案的调解协议进行了确认。而从本案的纠纷情况看，本案为申请执行人执行异议之诉，针对蔡某元提出的有关准许案涉土地房产的诉讼请求，某农商行提出阻却蔡某元对案涉土地房产申请强制执行的诉讼请求，理由主要为根据山东省惠民县人民法院作出（2011）惠商初字第491号民事调解书取得案涉财产的物权，能够足以排除强制执行。由此，某农商行能否基于前述民事调解书取得案涉土地房产的物权，享有排除强制执行的民事权益则是本案的关键所在。

《物权法》第二十八条[①]规定："因人民法院、仲裁委员会的法律文书或者人民政府的征收决定等,导致物权设立、变更、转让或者消灭的,自法律文书或者人民政府的征收决定等生效时发生效力。"根据前述规定,已发生法律效力的法律文书为引起物权变动的原因之一。而针对发生物权变动效力的人民法院、仲裁委员会的法律文书的类型或者范围,根据《最高人民法院关于适用〈中华人民共和国物权法〉若干问题的解释(一)》第七条[②]有关"人民法院、仲裁委员会在分割共有不动产或者动产等案件中作出并依法生效的改变原有物权关系的判决书、裁决书、调解书,以及人民法院在执行程序中作出的拍卖成交裁定书、以物抵债裁定书,应当认定为《物权法》第二十八条所称导致物权设立、变更、转让或者消灭的人民法院、仲裁委员会的法律文书"的规定,就人民法院出具的民事调解书而言,应限于导致物权变动的形成性文书,即在实体上具有在当事人之间形成或创设某种物权变动效果的调解书才属于法律规定的"导致物权设立、变更、转让或者消灭的"法律文书。且形成性文书在确定之时,无须强制执行即自动发生法律关系变动的效果。结合某农商行的诉讼请求、人民法院出具的调解书以及某农商行申请强制执行的事实等分析,某农商行依据的调解书性质为给付性文书,并不属于前述法律和司法解释规定的导致物权变动的形成性文书,其对案涉房产土地并不享有物权。二审判决认定某农商行对案涉土地房产不享有排除强制执行的民事权益,并无不当。

——中国裁判文书网。

[①] 现为《民法典》第二百二十九条。
[②] 现为《最高人民法院关于适用〈中华人民共和国民法典〉物权编的解释(一)》第七条。

四、其 他

58.股东代表诉讼可以调解

在讨论过程中,对股东代表诉讼能否进行诉讼调解存在争议。《公司法司法解释(四)》在起草过程中曾规定了诉讼调解制度。

基于肯定观点,由于股东代表诉讼的特殊性在于股东代位行使的是公司诉权,处分的实质是公司权利,股东代表诉讼的诉讼结果对于公司和其他股东具有既判力。因此,需对原告股东的处分权利进行相应的限制,即对其与被告达成和解限定相应条件,以防止原告股东与被告恶意串通损害公司和其他股东的利益。基于相关法理,综观各国立法例,对股东代表诉讼原告股东与被告达成和解一般有以下限制:第一,须经公司或其他股东同意。当股东提起代表诉讼时,公司和其他股东享有对和解方案的知情权和同意权。原告股东与被告达成和解协议,应告知公司,征得公司同意。关于诉讼和解,司法解释稿曾表述为:"人民法院审理股东依据《公司法》第一百五十一条第二款、第三款[①]规定提起诉讼的案件,当事人达成调解协议的,应提交股东会或者股东大会通过调解协议的决议,公司章程另有规定的除外。如果有限责任公司未提交股东会决议的,全体股东应当在调解协议书上签名、盖章或者向人民法院出具同意调解协议的书面意见。"为避免同意股东损害不同意股东的利益,也有观点认为,应当明确确立股东会或股东大会通过表决权的决议方式为特别多数还是普通多数,建议决议方式为特别多数。第二,法院应依法审查其合法性。调解应遵循自愿和合法原则。因此,人民法院在判定是否允许当事人基于达成和解协议而申请撤诉或者出具调解书时,应对和解协议进行审查。

——杜万华主编:《最高人民法院公司法司法解释(四)理解与适用》,人民法院出版社2017年版,第595~596页。

[①] 已废止。

59.股东代表诉讼中,调解协议须经公司股东(大)会、董事会决议通过

【股东代表诉讼的调解】公司是股东代表诉讼的最终受益人,为避免因原告股东与被告通过调解损害公司利益,人民法院应当审查调解协议是否为公司的意思。只有在调解协议经公司股东(大)会、董事会决议通过后,人民法院才能出具调解书予以确认。至于具体决议机关,取决于公司章程的规定。公司章程没有规定的,人民法院应当认定公司股东(大)会为决议机关。

——《最高人民法院关于印发〈全国法院民商事审判工作会议纪要〉的通知》(2019年11月8日,法〔2019〕254号)。

我国公司法中对于公司股东会和董事会的法定职权中均未涉及这一内容,而根据我国《公司法》第五十九条、第六十九条之规定,在法律明确规定的职权之外,股东会与董事会可以行使公司章程规定的职权。故在公司章程有明确规定的情况下,应当根据章程规定来确定由股东会还是董事会行使这一职权。然而,实践中很少有公司在章程中作出如此系统详细的规定,必须考虑到章程没有规定的情况下,应当由哪一机关行使这一职权。

确定公司章程没有规定情况下应当经过公司股东会或者股东大会决议,有以下两个原因:第一,基于股东与公司关系紧密,股东对公司利益高度关注,且公司原本可以通过直接诉讼追究侵害人的责任,但是出于各种因素没有行使此项诉权,不能排除公司有故意放弃权利、损害股东利益的可能,为了让公司的意思能够得到充分的体现,最大程度维护股东的利益,在章程没有规定的情况下,调解协议应当由公司股东会或者股东大会决议是否同意。第二,股东代表诉讼是涉及多方主体的复杂诉讼,原告股东在和解中实质上处分的是公司的实体权益,与其他股东存在密切的利益关系,故而在代表诉讼中进行和解应当有公司和其他股东的参与。法院在股东代表诉讼和解中通常需要征求公司和其他股东意见,保证他们行使知情权和异议权。在公司章程没有明确规定的情况下,要求调解协议必须经公司股东会或者股东大会同意,实际也是在我国目前法律框架下赋予了公司和其他股东和解知情权和异

议权。

因此，纪要最终对这一问题规定为，有权对股东代表诉讼调解协议进行决议的机关是公司的股东会、股东大会或者董事会，具体取决于公司章程的规定。公司章程没有规定的，应当以公司股东会或者股东大会为决议机关。

需要注意两个问题：第一，公司作出同意的意思必须经公司股东会或者董事会决议。在纪要起草过程中，曾有观点认为，如果公司的法定代表人或者特别授权代理人已经在调解协议上签字的，则不必履行经公司股东会、股东大会或者董事会会议决议通过的程序。鉴于股东代表诉讼的特殊性，法定代表人或者特别授权代理人的签字在股东代表诉讼中不一定能代表公司的真实意思，这种意见最终未被采纳。也就是说，未经公司股东会或者董事会决议，仅仅以法定代表人签字或者特别授权委托代理人签字的，不能认为公司已经同意。第二，法院对于所有调解协议都需要审查其是否符合自愿、合法两项原则。故法院对于股东代表诉讼中达成的调解协议的审查，除要按照上述规定审查股东会或董事会决议外，还应当与其他案件调解协议一样，审查其是否符合自愿、合法原则。

实际上，公司在股东代表诉讼中处于第三人的诉讼地位，如果没有公司的委托诉讼代理人代表公司意思进行签章，该调解协议本身就是不成立的。之所以如此规定，是为了保证公司本身的知情权和维护公司本身的利益。同时，该调解协议还关系着公司其他股东的利益。故尽管没有经过股东会召开会议并作出决议的过程，但是如果有证据证明全体股东均对该调解协议表示同意，或者全体股东实际参与调解，而不表示反对的情况下，也可以认为符合公司与股东的利益，法院也可以出具相应的调解书。

——最高人民法院民事审判第二庭编著：《〈全国法院民商事审判工作会议纪要〉理解与适用》，人民法院出版社2019年版，第224~227页。

60.正确把握实践中常见的虚假和解、调解的情形

第一，正确把握实践中常见的几种虚假和解、调解的情形。当事人间恶意串通，通过和解、调解侵害他人的利益的情形中，"他人"不仅包括本案的案外人，还可以包括本案的当事人本人。"恶意"应当仅指故意，而不包括主

观上的重大过失和过失。"受侵害的利益"不仅包括实体利益，而且包括程序利益。在实践中一般对下列情形应当重点把握：（1）案件双方当事人恶意串通，虚构民事法律关系、捏造案件事实，达成虚假协议，骗取法院调解书，侵害他人权益；（2）双方当事人恶意串通，在诉讼中对相关事实作出虚假自认，进行虚假和解或者骗取法院调解书，侵害他人权益；（3）夫妻假离婚，利用离婚和解、调解转移财产，逃避债务，侵害债权人利益；（4）在普通债务诉讼过程中，一方当事人与亲友串通，以假借条等形式虚构夫妻关系存续期间的共同债务，侵害另案离婚诉讼中对方当事人利益；（5）当事人利用现有证据，虚构法律事实及法律关系提起诉讼或重复诉讼进行和解、调解，导致另案的诉讼拖延，而侵害他人在另案诉讼中的权益；（6）非实体权利主体的当事人（如破产管理人、失踪人财产管理人）与对方当事人串通，诈害实际受和解、调解约束的实体权利主体；（7）委托代理人、代表人等实际实施诉讼行为的人员与对方当事人恶意串通，假借和解、调解损害委托人、推举人、其他共同诉讼人或所在单位等名义当事人的利益；（8）行为人伪造代理手续，冒充他人名义提起或参加诉讼而进行和解、调解；（9）行为人假借案外人员或单位在明知或应知的情况下，为行为人出具虚假证明或鉴定、评估，而进行和解、调解等。

第二，实践中较多发生虚假和解、调解的案件类型。主要集中在民间借贷案件，涉离婚案件财产纠纷，破产企业或已经资不抵债的其他组织的财产纠纷案件，交通事故损害赔偿案件，保险理赔案件，个人为被告的财产纠纷案件，拆迁区划范围内的自然人作为诉讼主体的分家析产、继承、房屋买卖合同纠纷案件，国有、集体企业，尤其是正在改制中的国有、集体企业为被告的财产纠纷案件，驰名商标认定案件等。在这些案件的和解、调解中，尤其要防止侵害他人权益状况的发生。

第三，人民法院应当依职权对和解、调解结果进行审查。实践中一般认为，和解、调解争议的最终解决取决于当事人双方的合意，是以当事人放弃部分权利来实现的，是否查清事实、分清是非，对于调解方案的达成以及案件的顺利结案并无必要的关联。也正因为如此，造成法官在调解过程中审查意识的普遍缺乏，不注意依职权对当事人之间的和解、调解方案是否侵害他人合法权益予以审查，使一些当事人有可乘之机，通过和解、调解的合法形式掩盖非法目的。同时，和解、调解的隐蔽性与合意性使其公开性不足，和解、调解的过程与结果不易为外部所知，关联案件之间缺乏信息交换渠道，更易造成对案外第三方利益的侵害。

第四，通过调解规范来发现、识别、认定虚假和解、调解。《民事诉讼法》第一百一十五条规定的是对妨害民事诉讼行为的强制措施，那如何发现、识别、认定虚假诉讼？首先，要在调解中加强程序审查与实体审查。如在程序上要注意审查当事人身份情况；注意审查原告起诉的事实、理由是否明显不合常理；加强对委托权限的审查及对当事人地址及联系方式的审核。在实体上要注意案件事实的审查，特别是对"无争议诉讼"的审查；对双方当事人身份及利害关系的审核；达成和解、调解协议的，要注意和解、调解协议是否当事人真实意思表示及合法性的审核。其次，要充分利用信息平台实现防控资源共享。有条件的法院可在内网信息平台上建立"当事人核查"功能，可以核查当事人在其他法院是否有相关案件，使法官能迅速审查当事人和解、调解协议的合法性，防止当事人借和解、调解恶意侵害第三方合法利益。这可以避免因信息沟通不及时等情况给虚假诉讼的行为人造成可乘之机，也可以在一定范围内遏制恶意诉讼案件的发生。最后，要加强对和解、调解中恶意行为的追责与惩罚力度。对认定为恶意的案件，可视情节对行为人进行训诫、责令具结悔过、拘留或处以一定数额的罚款，对情节严重者要从严惩处。民事和解、调解中的虚假诉讼行为构成犯罪的，依法追究行为人刑事责任，加强法院与公安、检察机关的协调配合。对律师帮助当事人从事恶意诉讼行为的，及时向司法行政部门发出司法建议；对当事人恶意制造虚假诉讼的行为，加强与征信部门的沟通，定期将当事人不良信息输入征信系统。和解、调解不仅仅是一个结果，更是一个过程，在整个过程中不仅要关注当事人是否有诚意、能否达成调解协议，更要关注对证据材料的认真审核，以及认真记录调解笔录和细心制作调解书，让调解过程更多地留下明晰的印记。这样不仅是对当事人负责，也是对调解人员自身负责，因为日后一旦出现问题，这些工作都可以起到让事实再现、让过程重复的作用，对于纠纷的妥善解决无疑是大有裨益的。

——最高人民法院民法典贯彻实施工作领导小组办公室编著：《最高人民法院新民事诉讼法司法解释理解与适用》，人民法院出版社2022年版，第

357~358 页。

61. 国际商事专家委员主持调解的，应签署无利益冲突的书面声明

第十条 专家委员同意主持调解的，应签署无利益冲突的书面声明，明确其不存在可能影响调解独立性、公正性的情形。

专家委员同意接受选定或者指定的，国际商事法庭应于三个工作日内出具《委托调解书》，并通知当事人。

第十一条 专家委员主持调解，应当依照相关法律法规，遵守本规则以及《最高人民法院国际商事法庭程序规则（试行）》对调解的有关规定，参照国际惯例、交易习惯，在各方自愿的基础上，根据公平、合理、保密的原则进行，促进当事人互谅互让，达成和解。

调解可以通过在线视频方式或者现场方式进行。

——《最高人民法院办公厅关于印发〈最高人民法院国际商事专家委员会工作规则（试行）〉的通知》（法办发〔2018〕14号，2018年11月21日）。

62. 当事人可在调解协议中约定不履行调解协议就执行一审判决

调解协议是权利人为尽快实现自己的权利所作出的一种让步，是双方当事人对于自己权利义务的处分，只要该协议自愿、合法，法律就予以认可。当事人双方可以在调解协议中约定，如果义务人到期不履行义务，就执行一审判决书中确定的当事人的义务，此种约定属于附条件的约定。在实际执行调解协议时，存在两种情况：一种情况为义务人到期履行约定义务，所附条件不成就；另一种情况为义务人未履行到期约定义务，所附条件成就，此时，应当执行一审判决书中确定的当事人的义务。应当认定，双方当事人所达成的调解协议的内容，是双方当事人真实的意思表示，并不违反法律的禁止性规定。因此，该约定有效。

——本书研究组：《当事人可在调解协议中约定不履行调解协议就执行一审判决》，载杜万华副主编、最高人民法院民事审判第一庭编：《民事审判指导与参考》2013年第3辑（总第55辑），人民法院出版社2014年版，第

236 页。

63.申请实现担保物权不应进行调解

《民事调解工作规定》(法释〔2004〕12 号)第二条规定:"对于有可能通过调解解决的民事案件,人民法院应当调解。但适用特别程序、督促程序、公示催告程序、破产还债程序的案件,婚姻关系、身份确认案件以及其他依案件性质不能进行调解的民事案件,人民法院不予调解",该条后被 2015 年《民事诉讼法司法解释》第一百四十三条所吸收,该条规定:"适用特别程序、督促程序、公示催告程序的案件,婚姻等身份关系确认案件以及其他根据案件性质不能进行调解的案件,不得调解。"依照此条规定,特别程序不适用调解程序。因此,实现担保物权案件不应进行调解,如果申请人与被申请人之间能够达成调解,则证明双方之间对于实现担保物权不存争议,其完全可以自行履行,无须通过人民法院的公权力实现其权益。

——最高人民法院民法典贯彻实施工作领导小组办公室编著:《最高人民法院新民事诉讼法司法解释理解与适用》,人民法院出版社 2022 年版,第 817 页。

64.具有债权内容的人民调解协议可以申请支付令

对于具有合同效力和给付内容的调解协议,债权人可以根据民事诉讼法和相关司法解释的规定向有管辖权的基层人民法院申请支付令。申请书应当写明请求给付金钱或者有价证券的数量和所根据的事实、证据,并附调解协议原件。

——《最高人民法院关于建立健全诉讼与非诉讼相衔接的矛盾纠纷解决机制的若干意见》(2009 年 7 月 24 日,法发〔2009〕45 号)(节选)。

32.加强调解与督促程序的衔接。以金钱或者有价证券给付为内容的和解协议、调解协议,债权人依据民事诉讼法及其司法解释的规定,向有管辖权的基层人民法院申请支付令的,人民法院应当依法发出支付令。债务人未在法定期限内提出书面异议且逾期不履行支付令的,人民法院可以强制执行。

——《最高人民法院关于人民法院进一步深化多元化纠纷解决机制改革的意见》(2016年6月28日,法发〔2016〕14号)(节选)。

具体来说,根据和解协议与调解协议的内容是以金钱或者有价证券给付为内容,符合督促程序的条件,一方当事人,通常为债权人可以依据民事诉讼法及其司法解释的规定,向有管辖权的基层人民法院申请支付令;人民法院经过审查,符合条件的应当依法发出支付令;债务人未在法定期限内提出书面异议且逾期不履行支付令的,一方当事人就可以依据支付令,要求人民法院强制执行。

通过民事诉讼法规定的督促程序,确认和解协议与调解协议的给付内容符合法律规定的申请支付令的条件,给债权人发出支付令,督促债务人履行,如果债务人不履行,则可以申请法院强制执行。该条通过督促程序赋予和解协议、调解协议强制执行的效力,从而为和解协议与调解协议的效力特别是强制执行力提供保障,真正快速有效解决当事人之间的争议。

——李少平主编:《最高人民法院多元化纠纷解决机制改革意见和特邀调解规定的理解与适用》,人民法院出版社2017年版,第297页。

65.调解协议案件当事人的确定

实践中,当事人除可依《民事诉讼法司法解释》第六十一条规定就相关民事纠纷另行提起诉讼外,还可以在司法确认申请被人民法院驳回后,另行提起诉讼。《民事诉讼法》第二百零六条规定:"人民法院受理申请后,经审查,符合法律规定的,裁定调解协议有效,一方当事人拒绝履行或者未全部履行的,对方当事人可以向人民法院申请执行;不符合法律规定的,裁定驳回申请,当事人可以通过调解方式变更原调解协议或者达成新的调解协议,也可以向人民法院提起诉讼。"根据该条规定,如果人民法院受理了司法确认申请,经过审查,发现申请不符合法律规定的,应当裁定驳回申请,当事人有权选择另行向人民法院提起民事诉讼。应当注意的是,《民事诉讼法》第二百零六条的规定改变了人民调解法确定的规则。《人民调解法》第三十三条规定:"经人民调解委员会调解达成调解协议后,双方当事人认为有必要的,可以自调解协议生效之日起三十日内共同向人民法院申请司法确认,人民法院应当及时对调解协议进行审查,依法确认调解协议的效力。人民法院依法确认调解协议有效,一方当事人拒绝履行或者未全部履行的,对方当事人可以向人民法院申请强制执行。人民法院依法确认调解协议无效的,当事人可以通过人民调解方式变更原调解协议或者达成新的调解协议,也可以向人民法院提起诉讼。"该条将当事人另行起诉的条件限定为"人民法院依法确认调解协议无效的",而《民事诉讼法》第二百零六条规定的条件是"不符合法律规定的,裁定驳回申请",实践中,应当按照民事诉讼法的规定进行处理。

——最高人民法院民法典贯彻实施工作领导小组办公室编著:《最高人民法院新民事诉讼法司法解释理解与适用》,人民法院出版社2022年版,第189页。

66.为达成调解或和解协议而认可的事实不适用自认规则

诉讼调解或和解的过程是当事人双方平等协商,依自愿合法的原则处分其实体权利和诉讼权利,在互谅互让的基础上解决民事纠纷的过程。在这一过程中,当事人为达成调解或者和解协议的目的,往往对一些有争议的事实不再争辩,或者本着息事宁人的态度予以承认。在调解不能达成最终一致的情况下,依2001年《民事诉讼证据规定》和《民事诉讼法解释》第一百零七条的规定,这种表面上符合自认特征的诉讼行为不能发生自认的后果。作出这种规定主要考虑:其一,诉讼调解与和解过程中对事实的认可,是以达成协议为目的而作出的妥协和让步,与诉讼对抗过程中对事实的承认存在本质不同;其二,如果承认调解或和解过程中对事实的认可能够发生自认的效果,无异于是对违反诚信原则的肯定,不利于鼓励当事人通过调解或和解的方式解决纠纷。当然,如果当事人双方均同意赋予这种对认可的事实以自认效果,则属于对自己程序利益的处分,人民法院应当予以尊重。

——最高人民法院民法典贯彻实施工作领导小组办公室编著:《最高人民法院新民事诉讼法司法解释理解与适用》,人民法院出版社2022年版,第289页。

《特邀调解规定》第二十二条规定调解中不适用民事诉讼中的自认制度，但不排除诉讼中自认制度的适用。自认制度是指在辩论陈述中，一方对对方所主张的，于己不利的事实主张予以认可的意思表示的制度。根据《民事诉讼法司法解释》第九十二条第一款规定："一方当事人在法庭审理中，或者在起诉状、答辩状、代理词等书面材料中，对于己不利的事实明确表示承认的，另一方当事人无需举证证明。"自认在诉讼上会产生三个方面的法律效力：（1）对方当事人免除对自认事实的举证责任；（2）排除法院对自认事实的审查；（3）对自认一方当事人产生拘束力，不得任意反悔。

但是在诉讼中，如果一方当事人明确表示承认自己在调解过程中为达成调解协议作出妥协而认可的事实，则产生自认的效力，另一方当事人无需举证，而不能以本条的规定进行抗辩，除非按照《最高人民法院关于民事诉讼证据的若干规定》第八条第四款①的规定，"在法庭辩论终结前撤回承认并经对方当事人同意，或者有充分证据证明其承认行为是在受胁迫或者重大误解情况下作出且与事实不符的"，否则不能轻易撤回自认。

——李少平主编：《最高人民法院多元化纠纷解决机制改革意见和特邀调解规定的理解与适用》，人民法院出版社2017年版，第446~448页。

东营市某光房地产开发有责任公司与中国工商银行股份有限公司东营某支行房地产联合开发合同纠纷上诉案［最高人民法院（2006）民一终字第16号民事判决书］

裁判要旨：最高人民法院《关于民事诉讼证据的若干规定》第六十七条②规定："在诉讼中，当事人为达成调解协议或者和解的目的作出妥协所涉及的对案件事实的认可，不得在其后的诉讼中作为对其不利的证据。"

最高人民法院认为：某公司认为，一审法院调解时双方并没有就某公司赔偿某工行580万元达成一致意见，一审法院以调解时某公司曾经对该数额予以认可为据，判决某公司应该向某工行支付580万元，违背了最高人民法院《关于民事诉讼证据的若干规定》第六十七条关于"在诉讼中，当事人为

---

① 已失效。
② 已失效。

达成调解协议或者和解的目的作出妥协所涉及的对案件事实的认可，不得在其后的诉讼中作为对其不利的证据"的规定，应予撤销。某工行认为，一审判决正确，应予维持。

一审法院根据调解时双方曾对580万赔偿款达成过一致意见、对付款形式没有达成一致意见，认为该数额基本反映了双方的真实意思，根据公平原则和诚信原则，对该数额应该确认为是某工行的经济损失和盈余分成。最高人民法院认为，一审判决以某公司在调解中对损失的认可作为其承担赔偿责任的依据，明显违背了上述司法解释的规定，最高人民法院依法予以纠正。由于某工行不得向非自用不动产投资，所以，其请求一审法院判令某公司支付收益分成的诉讼请求不能得到支持。其投资的240万只能视为用于解决职工的住房。现在某工行不能从某项目分得房屋，要求某公司赔偿其合理的经济损失，最高人民法院予以支持。在本案审理过程中，某工行对讼争项目的建筑成本和销售价格，没有举出证据加以证明。某工行举出的证据并不能直接证明讼争项目是盈利的，更没有举出直接证据证明该项目盈利了多少。但是，由于联合开发合同中关于为某工行职工解决住房这部分合同内容有效，那么，某公司就有义务履行该合同。根据联合开发合同的约定，某公司应以每平方米900元的价格销售给某工行职工。某工行投资240万元，应购住宅2666.67平方米。联合开发合同没有约定某公司何时交付房屋，考虑到该合同签订于2001年11月，某公司于2003年5月开始发布售楼广告并与部分购房者签订了预订认购书，某公司于2003年5月向山东省东营市中级人民法院提出解除联合开发合同的诉讼，某工行提出反诉，要求确认联合开发合同有效，最高人民法院推定某工行要求某公司交付房屋的时间在2003年5月。山东省东营市2003年的房屋销售平均价格为每平方米1575.80元，比联合开发合同约定的销售价格每平方米900元高675.80元，那么，某工行职工的损失为180.2136万元（675.80×2666.67）。某公司应赔偿某工行的损失共为420.2136万元（240万元+180.2136万元），并应支付自2003年6月1日之后的利息。本案中，某工行和某公司在履行合同中互有违约行为。某工行违反了联合开发合同约定的投资义务，只投资了240万元。某公司违反了联合开发合同约定的不得擅自销售房屋的约定，对外擅自销售房屋。鉴于双方都有违约行为，其违约程度大致相当，最高人民法院认为双方的其他违约责任可以相互抵消。

——最高人民法院民事审判第一庭编著:《最高人民法院民事案件解析(房地产开发)》第 2 辑,人民法院出版社 2010 年版,第 19~20 页。

67.调解书直接送达的,基于调解书的特殊性,不适用留置送达

自 2022 年 1 月 1 日起施行的新修正的《民事诉讼法》第九十条[①]规定:"经受送达人同意,人民法院可以采用能够确认其收悉的电子方式送达诉讼文书。通过电子方式送达的判决书、裁定书、调解书,受送达人提出需要纸质文书的,人民法院应当提供。采用前款方式送达的,以送达信息到达受送达人特定系统的日期为送达日期。"新的规定增加了调解书电子送达的内容,但应注意在调解书直接送达的过程中,基于调解书的特殊性,仍不适用留置送达。

——最高人民法院民法典贯彻实施工作领导小组办公室编著:《最高人民法院新民事诉讼法司法解释理解与适用》,人民法院出版社 2022 年版,第 338~339 页。

[①] 现为《民事诉讼法》(2023 年修正)第九十条。

第四部分　人民法院指导性案例和人民法院案例库参考案例

一、第三人撤销之诉

指导案例 152 号

鞍山市中小企业信用担保中心诉汪某、鲁某英第三人撤销之诉案

（最高人民法院审判委员会讨论通过　2021 年 2 月 19 日发布）

关键词：民事　第三人撤销之诉　撤销权　原告主体资格

裁判要点

债权人申请强制执行后，被执行人与他人在另外的民事诉讼中达成调解协议，放弃其取回财产的权利，并大量减少债权，严重影响债权人债权实现，符合合同法第七十四条规定的债权人行使撤销权条件的，债权人对民事调解书具有提起第三人撤销之诉的原告主体资格。

相关法条

《中华人民共和国民事诉讼法》第 56 条

《中华人民共和国合同法》第 74 条

基本案情

2008 年 12 月，鞍山市中小企业信用担保中心（以下简称担保中心）与台安县农村信用合作社黄某坨信用社（以下简称黄某坨信用社）签订保证合

同,为汪某经营的鞍山金桥生猪良种繁育养殖厂(以下简称养殖厂)在该信用社的贷款提供连带责任担保。汪某向担保中心出具一份个人连带责任保证书,为借款人的债务提供反担保。后因养殖厂及汪某没有偿还贷款,担保中心于2010年4月向黄某坨信用社支付代偿款2973197.54元。2012年担保中心以养殖厂、汪某等为被告起诉至铁东区人民法院,要求养殖厂及汪某等偿还代偿款。辽宁省鞍山市铁东区人民法院于2013年6月作出判决:(一)汪某于该判决书生效之日起十五日内给付担保中心代偿银行欠款2973197.54元及银行利息;(二)张某某以其已办理的抵押房产对前款判项中的本金及利息承担抵押担保责任;(三)驳回担保中心的其他诉讼请求。该判决已经发生法律效力。

2010年12月汪某将养殖厂转让给鲁某英,转让费450万元,约定合同签订后立即给付163万余元,余款于2011年12月1日全部给付。如鲁某英不能到期付款,养殖厂的所有资产仍归汪某,首付款作违约金归汪某所有。合同签订后,鲁某英支付了约定的首付款。汪某将养殖厂交付鲁某英,但鲁某英未按约定支付剩余转让款。2014年1月,铁东区人民法院基于担保中心的申请,从鲁某英处执行其欠汪某资产转让款30万元,将该款交给了担保中心。

汪某于2013年11月起诉鲁某英,请求判令养殖厂的全部资产归其所有;鲁某英承担违约责任。辽宁省鞍山市中级人民法院经审理认为,汪某与鲁某英签订的《资产转让合同书》合法有效,鲁某英未按合同约定期限支付余款构成违约。据此作出(2013)鞍民三初字第66号民事判决:1.鲁某英将养殖厂的资产归还汪某所有;2.鲁某英赔偿汪某实际损失及违约金1632573元。其中应扣除鲁某英代汪某偿还的30万元,实际履行中由汪某给付鲁某英30万元。鲁某英向辽宁省高级人民法院提起上诉。该案二审期间,汪某和鲁某英自愿达成调解协议。辽宁省高级人民法院于2014年8月作出(2014)辽民二终字第00183号民事调解书予以确认。调解协议主要内容为养殖厂归鲁某英所有,双方同意将原转让款450万元变更为3132573元,鲁某英已给付汪某1632573元,再给付150万元,不包括鲁某英已给付担保中心的30万元等。

鲁某英依据调解书向担保中心、执行法院申请回转已被执行的30万元,担保中心知悉汪某和鲁某英买卖合同纠纷诉讼及调解书内容,随即提起本案第三人撤销之诉。

裁判结果

辽宁省高级人民法院于 2017 年 5 月 23 日作出（2016）辽民撤 8 号民事判决：一、撤销辽宁省高级人民法院（2014）辽民二终字第 00183 号民事调解书和鞍山市中级人民法院（2013）鞍民三初字第 66 号民事判决书；二、被告鲁某英于判决生效之日起十日内，将金桥生猪良种繁育养殖厂的资产归还被告汪某所有；三、被告鲁某英已给付被告汪某的首付款 1632573 元作为实际损失及违约金赔偿汪某，但应从中扣除代替汪某偿还担保中心的 30 万元，即实际履行中由汪某给付鲁某英 30 万元。鲁某英不服，提起上诉。最高人民法院于 2018 年 5 月 30 日作出（2017）最高法民终 626 号民事判决：一、维持辽宁省高级人民法院（2016）辽民撤 8 号民事判决第一项；二、撤销辽宁省高级人民法院（2016）辽民撤 8 号民事判决第二项、第三项；三、驳回鞍山市中小企业信用担保中心的其他诉讼请求。

裁判理由

最高人民法院判决认为，本案中，虽然担保中心与汪某之间基于贷款代偿形成的债权债务关系，与汪某和鲁某英之间因转让养殖厂形成的买卖合同关系属两个不同法律关系，但是，汪某系为创办养殖厂与担保中心形成案涉债权债务关系，与黄某坨信用社签订借款合同的主体亦为养殖厂，故汪某和鲁某英转让的养殖厂与担保中心对汪某债权的形成存在关联关系。在汪某与鲁某英因养殖厂转让发生纠纷提起诉讼时，担保中心对汪某的债权已经生效民事判决确认并已进入执行程序。在该案诉讼及判决执行过程中，铁东区人民法院已裁定冻结了汪某对养殖厂（投资人鲁某英）的到期债权。鲁某英亦已向铁东区人民法院确认其欠付汪某转让款及数额，同意通过法院向担保中心履行，并已实际给付了 30 万元。铁东区人民法院也对养殖厂的相关财产予以查封冻结，并向养殖厂送达了协助执行通知书。故汪某与鲁某英因养殖厂资产转让合同权利义务的变化与上述对汪某财产的执行存在直接牵连关系，并可能影响担保中心的利益。《合同法》第七十四条规定："债务人以明显不合理的低价转让财产，对债权人造成损害，并且受让人知道该情形的，债权人也可以请求人民法院撤销债务人的行为。"因本案汪某和鲁某英系在诉讼中达成以 3132573 元交易价转让养殖厂的协议，该协议经人民法院作出（2014）

辽民二终字第 00183 号民事调解书予以确认并已发生法律效力。在此情形下，担保中心认为汪某与鲁某英该资产转让行为符合《合同法》第七十四条规定的情形，却无法依据《合同法》第七十四条规定另行提起诉讼行使撤销权。故本案担保中心与汪某之间虽然属于债权债务关系，但基于担保中心对汪某债权形成与汪某转让的养殖厂之间的关联关系，法院对汪某因养殖厂转让形成的到期债权在诉讼和执行程序中采取的保全和执行措施使得汪某与鲁某英买卖合同纠纷案件处理结果对担保中心利益产生的影响，以及担保中心主张受损害的民事权益因（2014）辽民二终字第 00183 号民事调解书而存在根据合同法第七十四条提起撤销权诉讼障碍等本案基本事实，可以认定汪某和鲁某英买卖合同纠纷案件处理结果与担保中心具有法律上的利害关系，担保中心有权提起本案第三人撤销之诉。

（生效裁判审判人员：董华、万挺）

二、司法确认

贵州省人民政府与息烽某劳务有限公司、贵阳某化肥有限公司申请司法确认调解协议案
——对生态环境损害赔偿协议进行司法确认应遵循公告、审查等程序性规则

关键词：民事　申请司法确认调解协议　非法倾倒　生态环境损害　赔偿协议　公告　司法确认

基本案情

2012 年 6 月，息烽某劳务有限公司、贵阳某化肥有限公司签订《委托劳务协议》，由息烽某劳务有限公司承担第三方污泥渣的清运工作，将污泥渣运往某公司的山渣场堆放。同年 12 月，息烽某劳务有限公司未办理任何"堆存手续"，在此非法倾倒污泥渣。2015 年底停止倾倒。堆场长 360 米，宽 100

米，堆填厚度最大50米，占地约100亩，堆存量约8万立方米。2016年11月，贵州省环境保护厅委托相关机构，对此环境污染损害进行鉴定评估，并出具"环境污染损害评估报告"。2017年1月，贵州省人民政府委托贵州省环境保护厅与上述两个公司磋商，就此环境损害赔偿事宜达成协议，由两个公司支付757.42万元。并于2017年1月22日向贵州省清镇市人民法院申请对此协议进行司法确认。

在法院的支持下，各方进行了磋商并达成了协议。由息烽某劳务有限公司、贵阳某化肥有限公司将废渣全部清运至合法渣场填埋处置，对清空后的库区覆土回填，进行植被绿化；由息烽某劳务有限公司、贵阳某化肥有限公司于协议签订后15日内委托第三方按照《环境污染损害评估报告》的意见提出生态环境损害修复方案，经贵州省环境保护厅同意后组织实施，于2017年8月30日前完成修复并经修复效果评估。以上包括前期应急处置费在内的费用共计757.42万元。

本次申请确认的协议，在磋商前，贵州省环境保护厅听取了法院的建议，由贵州省律协作为第三方，组织双方进行了磋商。法院依法予以受理后，在贵州省法院门户网站把双方达成的磋商协议、修复方案等内容进行了为期15天公示，接受公众监督，保障程序公正，也让被破坏的生态环境能够以最优的方式进行修复。公示期满后未收到意见和建议，法院进行了审查。贵州省清镇市人民法院于2017年3月28号作出（2017）黔0181民特6号民事裁定，对协议作出确认。

裁判理由

法院生效裁定认为：1.生态环境损害赔偿制度改革试点是一项全新的工作，在审判实践中，为了使赔偿权利人和赔偿义务人达成的磋商协议更具执行力，对生态环境损害赔偿磋商协议进行司法确认，直接推动中共中央办公厅、国务院办公厅印发的《生态环境损害赔偿制度改革方案》将司法确认的成功经验吸收其中。

2.省（自治区、直辖市）政府可把代表国家提起生态环境损害赔偿的权利采取概括性委托的方式直接明确为相关行政机关的职责。2015年中共中央办公厅、国务院办公厅印发的《生态环境损害赔偿制度改革试点方案》中，仅授权省级政府作为各行政区划内生态环境利益的权利人提起生态环境损害赔偿磋商或诉讼。但由省政府来承担相关工作是不切实际的，由省政府确定各下属职能部门在其职责范围内开展相关工作更便于履行职责。而生态环境的损害赔偿相关工作，涉及环保、国土、住建、水利、农业、林业等领域，如果相关职能部门就个案向省政府申请启动赔偿程序，必然会带来行政管理成本的增加和效率的降低，甚至可能会出现懒政、怠政情况，这对生态环境损害赔偿工作的开展将产生不利影响。所以，最优的方式是采取概括性指定的方式，由省政府把代表国家提起生态环境损害赔偿直接明确为相关行政机关的职责，无须个案指定，即采取一种概括性委托的方式。本案就推动了省政府出台了文件进行概括性委托，明确各职能部门在相关生态环境损害赔偿中的具体职责，代表省政府开展相关损害赔偿磋商以及提起诉讼等工作。这一做法在2017年中共中央办公厅、国务院办公厅印发的《生态环境损害赔偿制度改革方案》也得到明确。

3. 参照人民法院审理环境民事公益诉讼案件相关规定，法院对生态环境损害赔偿磋商协议的审查不限于形式审查，而应当进行一定的实质性审查。实质性审查，可采取两种方式：一是法院组织专家讨论提出意见；二是进行公示。本案在贵州省法院门户网站上对协议内容和修复方案进行了为期15天的公示，广泛征求公众意见，如果有公众对协议或修复方案提出异议，法院召集申请双方到法院进行协商，对协议、修复方案进行修改，确保程序公正，力求让被破坏的生态能够以最优化的方式进行修复，在此基础上再出具裁定书，对调解协议进行司法确认。

裁判要旨

人民法院应对生态环境损害赔偿协议进行实质性审查，具体方式为人民法院在受理磋商协议司法确认申请后，及时将《生态环境损害赔偿协议》、修复方案等内容通过互联网向社会公开，接受公众监督，保障公众的知情权和参与权。人民法院对生态环境损害赔偿协议的司法确认，赋予了赔偿协议强制执行效力。

关联索引

《中华人民共和国民事诉讼法》第206条（本案适用的是2017年7月1日施行的《中华人民共和国民事诉讼法》第195条）

特别程序：贵州省清镇市人民法院（2017）黔0181民特6号民事裁定（2017年3月28日）

郑州市生态环境局与河南某建筑工程有限公司申请司法确认调解协议案
——对因非法倾倒有毒土壤造成生态环境损害达成的赔偿协议可依法进行司法确认

关键词：民事　申请司法确认调解协议　土壤污染　生态环境损害赔偿　磋商协议　司法确认

基本案情

2017年11月，河南某建筑工程有限公司（以下简称建筑公司）在新郑市龙湖镇非法倾倒有毒土壤。经鉴定，土壤中含有六六六与滴滴涕等农药因子，受污染土壤共计14.89万立方米。在有关部门采取紧急控制措施、查清污染事实、鉴定损害后果后，根据河南省郑州市人民政府授权，郑州市生态环境局与建筑公司进行磋商，达成了《新郑市龙湖镇李木咀村与刘口村土壤污染案件生态环境损害赔偿协议》。主要内容为：（1）由建筑公司赔偿应急处理及调查评估，土壤修复效果评估、监理与验收，恢复性补偿等费用共929.82万元。（2）由建筑公司承担土壤修复责任，委托第三方进行受污染土壤无害化处置，直至评估达标；否则须按司法鉴定土壤修复估算费用的130%计算违约金，计1.9亿元，同时还应就损害扩大部分承担全部法律责任。（3）若建筑公司不履行或不完全履行协议，郑州市生态环境局有向河南省郑州市中级人民法院申请强制执行的权利。

河南省郑州市中级人民法院于2020年1月22日立案受理了郑州市生态环境局与建筑公司关于司法确认《新郑市龙湖镇李木咀村与刘口村土壤污染案件生态环境损害赔偿协议》的申请，于2020年4月29日作出（2020）豫01民特10号民事裁定书，裁定：申请人郑州市生态环境局与申请人建筑公司于2019年12月24日达成的《新郑市龙湖镇李木咀村与刘口村土壤污染案件生态环境损害赔偿协议》有效。

裁判理由

法院生效裁定认为：本案系土壤污染引发的生态环境损害赔偿司法确认案件。双方达成的《新郑市龙湖镇李木咀村与刘口村土壤污染案件生态环境损害赔偿协议》，对赔偿权利人和赔偿义务人的身份，生态环境损害的事实、程度和有关证据，双方对生态损害鉴定报告的意见，生态环境损害修复模式及费用支付方式，修复工程持续期间，修复效果评估以及不履行或不完全履行协议的责任等内容作了全面约定，法院经审查认为，申请人达成的磋商协议符合司法确认调解协议的法定条件，依法确认有效。

裁判要旨

人民法院受理生态环境损害赔偿协议司法确认申请后，依照法定程序对协议内容进行公告，对协议内容进行详细审查并依法赋予强制执行效力，支持政府及其授权机关的磋商行为，确保受损生态环境得到及时修复。

关联索引

《中华人民共和国民事诉讼法》第206条（本案适用的是2017年7月1日施行的《中华人民共和国民事诉讼法》第195条）

特别程序：河南省郑州市中级人民法院（2020）豫01民特10号民事裁定（2020年4月29日）

四川省生态环境厅与彭州市某物流公司申请司法确认调解协议案
——生态环境损害赔偿协议可以按照民事诉讼法相关规定由中级人民法院进行司法确认

关键词：民事　申请司法确认调解协议　柴油泄漏　生态环境损害赔偿　磋商协议　管辖法院

基本案情

申请人四川省生态环境厅作为赔偿权利人四川省人民政府指定的部门与申请人彭州市某物流有限公司（以下简称某物流公司）关于生态环境损害赔偿协议申请人民法院进行司法确认。

2020年7月22日，经四川省人民检察院、成都市人民检察院、彭州市人民检察院指派检察员，与四川省生态环境科学研究院、成都市生态环境局、成都市彭州生态环境局、彭州市环境监察执法大队、德阳市生态环境局相关工作人员组成磋商小组组织磋商，双方于2020年8月17日达成调解协议：（1）生态环境损害事实及证据。2020年3月14日，某物流公司法定代表人王某某购置15吨柴油，准备为新冠肺炎疫情期间复产复工车辆加油，当日14时左右，某物流公司工人王某开始向柴油罐实施卸油作业，15时20分，该工人发现柴油罐液位下降，立即关闭柴油罐阀门，随后发现柴油罐与加油机连接管路弯头处（柴油泄漏点）脱落，泄漏的柴油经油罐北侧水沟、围墙下方缺口进入厂区外农灌沟，流经长约150米的农灌沟、230米的农灌渠、1000米的鸭子河后进入人民渠，泄漏量共计5.67吨。导致人民渠（成都、德阳段）水质异常，影响什邡市、德阳市部分城区饮用水正常供应。经四川省生态环境科学研究院生态环境损害司法鉴定中心出具《"3·14"德阳市人民渠柴油污染事件生态环境损害评估报告》鉴定意见为：本次污染事件造成直接经济损失为329254.15元，其中污染处置费为170638.13元，财产损害为158616.02元，无人身损害。以上事实有调查询问笔录、现场检查（勘察）笔录、现场照片、评估报告等证据在案为证。（2）四川省生态环境厅与某物流公司就"3.14"柴油罐泄露突发环境事件导致的生态环境损害所应当承担的赔偿事宜达成一致意见，认可某物流公司采取支付赔偿金的方式履行生态环境损害赔偿责任。具体要求：①赔偿范围：直接经济损失，包括污染处置费170638.13元，财产损害费158616.02元，共计329254.15元；②支付方式：赔偿金上缴省级国库；③支付期限：2021年7月21日前，一次性付清。

四川省成都市中级人民法院于2020年11月13日作出（2020）川01民特573号民事裁定：申请人四川省生态环境厅作为赔偿权利人某省人民政府指定的部门与申请人某物流公司于2020年8月17日经磋商小组组织磋商达成的生态环境损害赔偿协议有效。该裁定已发生法律效力。

裁判理由

法院生效裁判认为：1.行政机关作为赔偿权利人与侵权人自愿达成的生态环境损害赔偿协议属于司法确认调解协议范围。环境民事公益诉讼和生态环境损害赔偿诉讼都是我国诉讼制度体系不断更新发展的时代体现，作为"国家法人"的代表，国务院有权利代表国家对生态环境破坏者的侵权行为行使诉权，以求得赔偿。中共中央办公厅、国务院办公厅发布的《生态环境损害赔偿制度改革方案》，四川省省委办公厅、四川省政府办公厅印发的《四川省生态环境损害赔偿制度改革实施方案》以及最高人民法院出台的《关于审理生态环境损害赔偿案件的若干规定（试行）》，均以国家法人、政府作为赔偿权利人的角度对生态环境损害赔偿制度作了制度层面、法律层面的规定。上述文件将司法确认制度运用于生态环境损害赔偿领域，把行政机关与生态环境侵权人签订的生态损害赔偿协议作为民事协议纳入司法确认受案范围，拓展了制度适用范围。根据上述规定，人民法院对生态环境损害赔偿协议进行司法确认，赋予该赔偿协议强制执行效力，可以有力保障赔偿协议的有效履行，切实推进生态环境修复工作。本案中，申请人四川省生态环境厅作为赔偿权利人四川省人民政府指定的部门与生态环境侵权方签订的生态环境损害赔偿协议，系通过双方协商自愿达成的民事协议，属于司法确认调解协议的范围，可以根据民事诉讼法的相关规定进行确认。

2. 生态环境损害赔偿协议司法确认案件的管辖问题。司法确认制度，是指人民法院依照当事人的申请，对当事人之间达成的非诉调解协议进行审查并确认其法律效力的制度。对于司法确认程序的性质，现行民事诉讼法中将司法确认程序明确归入特别程序。根据2017年修正的《民事诉讼法》第194条规定、2015年《最高人民法院关于适用〈中华人民共和民事诉讼法〉的解释》第353条以及《最高人民法院关于建立健全诉讼与非诉讼相衔接的矛盾纠纷解决机制的若干意见》（法发〔2009〕45号）第21条有关司法确认管辖法院的规定，人民调解司法确认案件一般应当由基层人民法院或者人民法庭管辖，委派或者委托的人民法院也具有管辖权。因生态环境损害赔偿协议司法确认属于新类型案件，法律并未有明确规定管辖法院的层级。一种观点认为：参照上述法律规定，司法确认案件一般由基层人民法院管辖，生态环境损害赔偿制度改革文件中均明确要求按照《民事诉讼法》的有关规定申请司法确认，省政府制定的上述方案虽然明确要求由中级人民法院管辖，但该文件不能作为突破法律的依据。故本案应当由基层人民法院管辖。另一种观点认为：生态环境损害赔偿案件具有特殊性，其无须基层人民调解组织参与，可以由赔偿权利人和赔偿义务人达成磋商协议即可提交司法确认，因此无须对司法确认法院级别予以限制。因四川省各地推进生态环境损害赔偿司法确认工作均按照《四川省生态环境损害赔偿磋商办法（试行）》由各中级人民法院管辖司法确认，故本案可以直接由该院予以审查。

裁判要旨

生态环境损害赔偿协议签订后，赔偿权利人指定的部门或者机构与赔偿义务人可依据民事诉讼法相关规定，到有管辖权的中级人民法院申请司法确认。

关联索引

《中华人民共和国民事诉讼法》第 206 条（本案适用的是 2017 年 7 月 1 日施行的《中华人民共和国民事诉讼法》第 195 条）

特别程序：四川省成都市中级人民法院（2020）川 01 民特 573 号民事裁定（2020 年 11 月 13 日）

杭州市生态环境局、某陆生物化工公司生态环境损害赔偿司法确认案
——生态环境损害赔偿协议可以约定分期支付赔偿金

关键词：民事　申请司法确认调解协议　生态环境损害赔偿　司法确认　赔偿金分期支付

基本案情

2021 年 4 月 6 日，某陆生物化工公司发生火灾。该公司厂区仓库内存放有盐酸、醋酸乙烯、聚乙烯醇、浆料成品等。事故发生后，仓库存放的化工产品混同灭火过程中产生的消防水溢流至厂区外沟渠并流入外环境，造成周边生态环境损害。截至 2021 年 4 月 12 日，经相关部门持续开展应急处置和应急监测，事故周边沟渠内消防废水、受污泥土收集处理完毕，事故现场及周边水环境和大气环境质量均已恢复正常。2021 年 4 月 14 日，浙江省环科院环境损害司法鉴定所受托对上述生态环境损害进行鉴定，明确：确定土壤、地下水、地表水、沉积物生态环境损害，该企业火灾事故发生与土壤、地下水、地表水、沉积物损害间具有因果关系，该火灾事故造成的生态环境损害

费用为556486元、修复效果后评估费用为150000元，生态环境损害调查与鉴定评估费用合计198000元。清除污染费用以实际发生为准。

2021年11月30日，由杭州市人民政府作为赔偿权利人，由杭州市生态环境局作为赔偿权利人指定的部门或机构，由杭州市生态环境局临平分局作为赔偿权利人代表，与赔偿义务人某陆生物化工公司就生态环境损害赔偿事宜进行磋商，达成《生态环境损害赔偿协议》，主要内容如下：（1）责任承担赔偿义务人承担火灾事故造成的生态环境损害费用556486元、修复效果评估费用150000元、生态环境损害调查与鉴定评估费用198000元、清除污染费用1400000元。（2）履行方式和期限生态环境损害费用556486元、修复效果评估费用150000元、生态环境损害调查与鉴定评估费用198000元、清除污染费用1400000元，由赔偿义务人在本赔偿磋商协议签订生效后分期缴纳。分期缴纳时间及金额为：2022年2月28日前缴纳304486元、2022年5月31日前缴纳300000元、2022年8月31日前缴纳300000元、2022年11月30日前缴纳300000元、2023年2月28日前缴纳300000元、2023年5月31日前缴纳300000元、2023年8月31日前缴纳300000元、2023年11月30日前缴纳200000元。分期缴纳方式按每期《缴费通知书》要求。（3）违约责任若赔偿义务人未按上述要求履行赔偿责任（包括未按期履行和未足额履行其中任何一期赔偿款项），则未到期债权视为到期，赔偿权利人指定的部门有权按未支付总金额（即赔偿费用总金额扣除已支付部分），一并申请法院强制执行。杭州市生态环境局与某陆生物化工公司共同向人民法院申请司法确认生态环境损害赔偿协议。浙江省杭州市临平区人民法院于2022年1月19日作出（2021）浙0113民特786号民事裁定对《生态环境损害赔偿协议》予以确认。

裁判理由

法院生效裁判认为，根据《最高人民法院关于审理生态环境损害赔偿案件的若干规定（试行）》第20条"经磋商达成生态环境损害赔偿协议的，当事人可以向人民法院申请司法确认。人民法院受理申请后，应当公告协议内容，公告期间不少于三十日。公告期满后，人民法院经审查认为协议的内容不违反法律法规强制性规定且不损害国家利益、社会公共利益的，裁定确认协议有效。裁定书应当写明案件的基本事实和协议内容，并向社会公开"之规定，一审法院依法履行了公告程序，公告期内，无相关权利人或社会公众提出异议。故确认申请人出于实现受损生态环境修复目的自愿达成《生态环境损害赔偿协议》有效。

裁判要旨

人民法院在确认生态损害赔偿协议时，可以综合赔偿义务人已发生火灾、赔偿能力受限等因素，在未损害国家利益、集体利益和他人合法权益的情况下，依法确认磋商协议约定的分期支付赔偿金的履行方式有效。

关联索引

《中华人民共和国民事诉讼法》第 205 条、第 206 条（本案适用的是 2022 年 1 月 1 日施行的《中华人民共和国民事诉讼法》第 201 条、第 202 条）

《最高人民法院关于审理生态环境损害赔偿案件的若干规定（试行）》第 20 条

特别程序：浙江省杭州市临平区人民法院（2021）浙 0113 民特 786 号民事裁定（2022 年 1 月 19 日）

贵州省生态环境厅、云南省生态环境厅与贵州省某煤焦化公司生态环境损害赔偿协议司法确认案

——法院可以在审查生态环境损害赔偿协议时，依法促成申请人达成更有利于生态环境修复的协议

关键词： 民事　申请司法确认调解协议　生态环境损害赔偿　司法确认　生态修复

基本案情

2021 年 11 月，贵州省某煤焦化公司洗脱苯工段贫油冷却器出现破裂，导致洗油进入循环冷却水系统，并渗漏至土壤，后随地下水进行迁移，最终流入小黄泥河，造成上下游的贵州省、云南省河段受到污染。经鉴定，洗油中含有毒物质 2-甲基萘和联苯。2023 年 4 月 14 日，生态环境部公布调查结果，认定此次事件为某煤焦化公司洗油泄漏次生重大突发环境事件，洗油泄漏总量约 96.15 吨，小黄泥河、黄泥河共约 123 公里河道水质受到影响，此次

突发环境事件造成生态环境损害赔偿费用6029万元。本案涉及的刑事犯罪另案处理。因污染跨省域涉及贵州省、云南省，故贵州省生态环境厅、云南省生态环境厅作为赔偿权利人，与赔偿义务人某煤焦化公司就洗油泄露造成的生态环境损害赔偿进行磋商，达成生态环境损害赔偿协议，并共同向法院申请司法确认。法院经审查认为，三方达成的生态环境损害赔偿协议存在生态修复费用表述错误、申请强制执行标的不明确等不符合司法确认的情形，不应直接予以确认。为了促使生态环境及时有效修复，法院组织听证会，促使三方磋商再次弥补了前述协议中问题，符合司法确认的条件。

贵州省六盘水市中级人民法院于2023年11月14日作出（2023）黔02民特69号民事裁定对《生态环境损害赔偿协议》予以确认。

裁判理由

法院生效裁判认为，申请人贵州省生态环境厅、云南省生态环境厅与申请人某煤焦化公司达成的《生态环境损害赔偿协议》，内容不违反法律法规强制性规定且不损害国家利益、社会公共利益，合法有效。

裁判要旨

1.对同一赔偿义务人的行为造成的跨区域生态环境损害，各赔偿权利人可以与赔偿义务人一并磋商达成生态环境损害赔偿协议，共同申请司法确认的，应予支持。

2.法院审查生态环境损害赔偿协议时，应将生态环境修复目标作为重要考量因素，综合审查生态环境损害赔偿协议是否符合司法确认的条件。经审查协议存在不符合确认的情形的，法院应秉持理念，积极为当事人创造重新磋商的机会，指导当事人通过磋商使协议符合确认的条件，并予以确认，推动实现生态环境及时有效修复和矛盾纠纷的实质化解。

关联索引

《中华人民共和国民事诉讼法》第205条、第206条

《最高人民法院关于审理生态环境损害赔偿案件的若干规定（试行）》第20条、第21条

特别程序：贵州省六盘水市中级人民法院（2023）黔02民特69号民事裁定（2023年11月14日）

邯郸市生态环境局、邯郸市生态环境局丛台分局与邯郸某排水公司、邯郸某污水处理公司生态环境损害赔偿协议司法确认案

——生态环境纠纷人民调解委员会参与的生态环境损害赔偿协议可以申请司法确认

关键词：民事　申请司法确认调解协议　生态环境损害赔偿　司法确认

基本案情

2022年1月1日、2022年1月27日及2022年2月25日，邯郸市生态环境局丛台区分局执法人员对邯郸某污水处理公司现场检查时，发现其多次出水中总氮排放浓度均超过《城镇污水处理厂污染物排放标准》（GB18918—2002）及修改单一级A标准排放限值（15mg/L）。邯郸市生态环境局、邯郸市生态环境局丛台区分局与邯郸某排水公司、邯郸某污水处理公司开展磋商并达成协议，两公司认可承担生态环境损害赔偿责任，并将投资约1534万元实施各污水处理厂管网互通，提升区域污水应急处理能力，降低滏阳河污染风险；厂区污水处理设施设备升级改造，增加部分备用设备，增强应急保障能力，持续改善滏阳河地表水生态环境。该协议由邯郸市生态环境局进行公告，期满未有异议。为了加强公众参与，邯郸市生态环境纠纷人民调解委员会就前述磋商协议召开听证会，进行了公开听证，参与听证代表对该协议未提出异议。邯郸市生态环境局、邯郸市生态环境局丛台区分局、邯郸某排水公司、邯郸某污水处理公司签订了生态环境损害赔偿调解协议：（1）经申请人共同委托评估鉴定邯郸某污水处理公司超标排放水污染物造成地表水生态环境损害数额为1191793.21元（大写：壹佰壹拾玖万壹仟柒佰玖拾叁元贰角壹分），邯郸市生态环境局、邯郸市生态环境局丛台区分局、邯郸某排水公司及邯郸某污水处理公司四方自愿达成一致，其中生态环境损害赔偿金100万元（大写：壹佰万元整）按规定缴纳至邯郸市丛台区生态赔偿专户；（2）协议签订并经司法确认之日起30日内，邯郸某污水处理公司缴纳生态环境损害赔偿金100万元（大写：壹佰万元整），由邯郸某污水处理公司按照《生态环境损害

赔偿资金管理办法（试行）》（财资环〔2020〕6号）规定缴纳至邯郸市丛台区生态赔偿专户，邯郸市丛台区人民政府按照生态环境损害赔偿资金使用有关规定用于辖区内超标排水流经的邯临沟、军亍沟及滏阳河河段，开展生态环境功能性建设及环境治理（包括但不限于控源截污、污染底泥清理整治、岸坡防护、水质监测等），提升河流净化能力、环境承载能力。邯郸市生态环境局丛台区分局负责选取生态环境治理实施地点及监督落实。后各方共同向人民法院申请司法确认。

河北省邯郸市丛台区人民法院于2022年9月8日作出（2022）冀0403诉前调确1号民事裁定：确认调解协议有效。

裁判理由

法院生效裁判认为，各申请人在调解组织参与下达成协议，申请司法确认，不违反法律、行政法规强制性规定，不侵害国家、社会公共利益及案外人合法权益，不损害社会公序良俗，内容明确，符合申请司法确认的相关法律规定。

裁判要旨

生态环境纠纷人民调解委员作为依法设立的专门负责调解生态环境纠纷的调解组织，参与赔偿权利人与赔偿义务人磋商过程，促成各方达成调解协议，赔偿权利人、赔偿义务人共同申请司法确认的，人民法院应予准许。

关联索引

《中华人民共和国民法典》第1234条、第1235条

《中华人民共和国民事诉讼法》第205条、第206条（本案适用的是2022年1月1日施行的《中华人民共和国民事诉讼法》第201条、第202条）

《最高人民法院关于人民调解协议司法确认程序的若干规定》第1条、第2条、第7条

特别程序：河北省邯郸市丛台区人民法院（2022）冀0403诉前调确1号民事裁定（2022年9月8日）

三、执行程序

沂水某银行与临沂某集团公司等执行复议案
——调解书没有确定民事违约责任的，可以计算迟延履行债务利息

关键词：执行　执行复议　借款合同　担保条款　迟延履行责任

基本案情

沂水某银行与临沂某集团公司、临沂某动力有限公司、临沂某进出口有限公司、郝某某、薛某某借款合同纠纷一案，山东省临沂市中级人民法院（以下简称临沂中院）于2016年8月31日作出（2016）鲁13民初347号民事调解书，该民事调解书确认：一、被告临沂某进出口有限公司于2016年10月11日前偿还原告山东沂水某银行借款3500万元及利息、复利。二、如临沂某进出口有限公司未按本协议约定的期限及金额履行债务，沂水某银行有权以质押物（临沂某集团公司现在持有的1770万股某公司股份）或者以拍卖、变卖该质押物的价款优先受偿。三、临沂某动力有限公司、郝某某、薛某某对临沂某进出口有限公司的债务承担连带清偿责任。四、临沂某动力有限公司、郝某某、薛某某承担保证责任后，有权向被告临沂某进出口有限公司追偿。因被执行人均未履行生效法律文书确定的义务，该院于2016年10月13日立案执行，案号为（2016）鲁13执273号。执行过程中，该院对质押物临沂某集团公司持有的部分股份，在司法拍卖网络平台上进行了公开拍卖，山东某企业集团总公司以最高价190476331元竞得。

按照（2016）鲁13民初347号民事调解书确认的本案本金3500万元和履行期限，连同沂水某银行与临沂某集团公司、临沂某动力有限公司、临沂某进出口有限公司其他两个执行标的相同的执行案件共同计算，截至2016年10月11日，被执行人应偿还的借款本息合计为162305142.98元（其中本金为1.58亿元，利息和复利为4305142.98元）。随后，临沂中院将执行款项163255419.98元（其中本金15800万元、2016年10月11日前的利息、复利

430.514298 万元、诉讼费 45.77 万元、保全费 1.5 万元、评估费 18 万元、执行费 29.7577 万元）过付给沂水某银行。

沂水某银行对过付的执行款项数额提出异议，认为其对质押拍卖财产价款具有优先受偿权，上述三案优先受偿的范围包括法律规定的自 2016 年 10 月 12 日至 2018 年 5 月 10 日期间的迟延履行金 1600.935 万元，请求临沂中院依法将上述具有优先受偿的迟延履行金款项发放给沂水某银行。该院未予支持，并分别作出（2016）鲁 13 执 272 号、273 号、274 号结案报告，将上述三案终结执行。2018 年 7 月 24 日，异议人再次向该院递交迟延履行利息发放申请书，要求支付迟延履行金。该院以（2018）鲁 13 执监 2 号案进行审查。2018 年 10 月 9 日，临沂中院作出（2018）鲁 13 执监 2 号执行裁定：驳回申诉人的申诉请求。沂水某银行不服，向山东省高级人民法院（以下简称山东高院）提出申诉。山东高院经审查作出（2019）鲁执监 107 号执行裁定：撤销临沂中院（2018）鲁 13 执监 2 号执行裁定。该执行裁定认为，临沂中院对（2016）鲁 13 执 272 号、273 号、274 号案作结案处理，但相关的法律文书并未送达当事人，故对于申请执行人主张的迟延履行利息并优先受偿的问题，应当进行审查并作出认定。临沂中院未进行审查，而是适用执行监督程序对申请执行人迟延履行利息的主张作出裁定没有事实和法律依据，也剥夺了当事人对该结果不服时依法享有的异议及复议权，程序不当，应予纠正。后沂水某银行向临沂中院提出书面异议。

临沂中院于 2021 年 3 月 16 日作出（2021）鲁 13 执异 15 号裁定，驳回沂水某银行的异议请求。沂水某银行不服，向山东高院申请复议。山东高院于 2021 年 6 月 29 日作出（2021）鲁执复 150 号执行裁定：一、撤销临沂中院（2021）鲁 13 执异 15 号异议裁定；二、（2016）鲁 13 执 273 号案件继续执行。

裁判理由

法院生效裁判认为：《民事诉讼法》第 253 条规定："被执行人未按判决、裁定和其他法律文书指定的期间履行金钱给付义务的，应当加倍支付迟延履行期间的债务利息。"《最高人民法院关于人民法院民事调解工作若干问题的规定》第 15 条第 1 款规定："调解书确定的担保条款条件或者承担民事责任的条件成就时，当事人申请执行的，人民法院应当依法执行。"第 2 款规定：

"不履行调解协议的当事人按照前款规定承担了调解书确定的民事责任后,对方当事人又要求承担民事诉讼法第253条规定的迟延履行责任的,人民法院不予支持。"该条第2款规定了排除适用《民事诉讼法》第253条承担迟延履行责任的具体情形,即不履行调解协议的当事人承担了调解书确定的民事责任,除此之外,当事人不履行调解书确定的义务的,应当承担迟延履行责任。本案的执行依据,即(2016)鲁13民初347号民事调解书的主文并未约定债务人不履行义务时应承担何种民事责任,(2016)鲁13执273号案件中,法院通过拍卖某集团公司所持的质押股权,促使某集团公司履行调解书中确定的义务,该义务不是调解书确定的一方不履行协议应当承担的民事责任的方式,故不存在排除《民事诉讼法》第253条适用的情形。

裁判要旨

民事调解协议中约定了债务人不履行协议应当承担民事责任时,不履行调解协议的当事人按照约定承担了调解书确定的民事责任后,对方当事人不应当再承担《民事诉讼法》第253条规定的迟延履行责任。即排除适用《民事诉讼法》第253条承担迟延履行责任的具体情形,是不履行调解协议的当事人承担了调解书确定的民事责任。除此之外,当事人不履行调解书确定的义务的,申请执行人可以要求不履行调解协议的义务人承担迟延履行责任。

关联索引

《中华人民共和国民事诉讼法》(2023年修正)第264条(本案适用的是2017年6月27日修正的《中华人民共和国民事诉讼法》第253条)

《最高人民法院关于人民法院民事调解工作若干问题的规定》第15条

《最高人民法院关于人民法院办理执行异议和复议案件若干问题的规定》第23条第1款第2项

执行异议:山东省临沂市中级人民法院(2021)鲁13执异15号执行裁定(2021年3月16日)

执行复议:山东省高级人民法院(2021)鲁执复150号执行裁定(2021年6月29日)

贵州某房地产公司与贵州某银行执行监督案
——被执行人不能以申请执行人申请终结本次执行程序为由，
主张免除终结本次执行程序期间的迟延履行利息

关键词：执行　执行监督　案外人异议　终结本次执行　迟延履行利息

基本案情

贵州省贵阳市中级人民法院（以下简称贵阳中院）于2010年6月10日作出（2010）筑民二初字第7号民事判决，判令贵州某房地产公司向贵州某银行偿还贷款本息2000余万元，并确认贵州某银行对贵州某房地产公司名下的相关在建工程享有抵押权。该案立案执行后，贵州某银行以案涉在建工程不具备执行条件等为由申请案件终结本次执行。后贵州某银行向法院申请对该案恢复执行，贵州某房地产公司以贵州某银行自行申请终结本次执行程序、怠于行使抵押权等为由，主张应免除终结本次执行期间的迟延履行债务利息。

贵阳中院于2019年12月2日作出（2019）黔01执异747号执行裁定，驳回贵州某房地产公司的异议请求。该公司不服，向贵州省高级人民法院（以下简称贵州高院）申请复议。贵州高院于2020年2月25日作出（2020）黔执复2号执行裁定，驳回贵州某房地产公司的复议申请，维持贵阳中院（2019）黔01执异747号执行裁定。该公司不服，向最高人民法院申诉。最高人民法院于2021年9月30日作出（2020）最高法执监423号执行裁定，驳回贵州某房地产公司的申诉。

裁判理由

法院生效裁判认为：本案的争议焦点为可否以申请执行人贵州某银行申请终结本次执行程序为由，免除被执行人贵州某房地产公司在终结本次执行程序期间的迟延履行利息。

《民事诉讼法》第253条规定，被执行人未按判决、裁定和其他法律文书指定的期间履行给付金钱义务的，应当加倍支付迟延履行期间的债务利息。《最高人民法院关于执行程序中计算迟延履行期间的债务利息适用法律若干问题的解释》第3条第3款规定："非因被执行人的申请，对生效法律文书审查而中止或者暂缓执行的期间及再审中止执行的期间，不计算加倍部分债务利息。"据此，被执行人未按照生效法律文书指定的期间履行给付金钱义务的，应支付迟延履行利息；如果非因被执行人的申请而对生效法律文书进行审查所致的执行中止或者暂缓执行的期间以及再审中止执行的期间，则不计算支付迟延履行利息。本案中，被执行人贵州某房地产公司未按照生效法律文书指定的期间履行金钱给付义务，也不存在前述司法解释规定的不计算迟延履行利息的情形，其请求免除终结本次执行期间的迟延履行利息，缺乏法律依据。

进而言之，终结本次执行的实质原因系被执行人未有效履行生效法律文书确定的义务所致，由此带来的迟延履行后果应由被执行人承担。本案被执行人贵州某房地产公司欠付贵州某银行的是金钱债务，贵州某房地产公司应该按照判决确定的金额和期限及时足额向贵州某银行支付金钱；在其无法及时足额支付金钱的情况下，贵州某银行可以就案涉抵押物行使优先受偿权，但此系贵州某银行的权利而非义务，贵州某银行并非只能以接受对案涉抵押物行使优先受偿权的方式来获得清偿，其当然有权要求贵州某房地产公司按照判决及时足额支付金钱，否则即构成对债权人权利的无端减损，对债权人极为不公。贵州某房地产公司所主张的违约相对方未采取适当措施致使违约损失扩大的情形，在合同法上是指违约相对方违反诚信原则，可以采取适当措施防止损失扩大而不采取，放任违约损失扩大，就该扩大的损失，违约相对方不得要求赔偿。而贵州某银行作为债权人要求贵州某房地产公司支付金钱，不对案涉抵押物行使优先受偿权，属于正当行使债权，并不存在违反诚信原则的情形，也不构成过错，不属于贵州某房地产公司所主张的违约相对方未采取适当措施致使违约损失扩大的情形。从另一个角度说，在终结本次执行期间，被执行人贵州某房地产公司也可以向贵阳中院申请自行处置案涉抵押物，以所得价款向贵州某银行清偿债务，其以终结本次执行导致案涉抵押物未被及时拍卖处置为由要求免除终结本次执行期间的迟延履行利息，对债权人是不公平的。

裁判要旨

被执行人未按照生效法律文书指定的期间履行给付金钱义务的，应支付迟延履行利息。终结本次执行的实质原因系被执行人未有效履行生效法律文书确定的义务所致,由此带来的迟延履行后果应由被执行人承担,其请求免除终结本次执行期间的迟延履行利息,缺乏法律依据。

关联索引

《中华人民共和国民事诉讼法》(2023年修正)第264条(本案适用的是2017年6月27日修正的《中华人民共和国民事诉讼法》第253条)

《最高人民法院关于执行程序中计算迟延履行期间的债务利息适用法律若干问题的解释》第3条第3款

执行异议:贵州省贵阳市中级人民法院(2019)黔01执异747号执行裁定(2019年12月2日)

执行复议:贵州省高级人民法院(2020)黔执复2号执行裁定(2020年2月25日)

执行监督:最高人民法院(2020)最高法执监423号执行裁定(2021年9月30日)

任某某与山西某房地产公司执行监督案
——当事人在仲裁调解书中约定的逾期还款违约金具有惩罚性的,一般不得再以其为基数计算加倍部分的债务利息

关键词:执行 执行监督 仲裁调解书 违约金 一般债务利息 加倍债务利息

基本案情

任某某与山西某房地产公司、张某某于2015年7月28日签订《借款合同》,约定山西某房地产公司向任某某借款1.7亿元,借款期限自2015年7月28日起至2015年8月10日止,借款利率为日利率0.5388‰,山西某房地产公司逾期支付借款本金超过3日的,应按借款本金的10%支付违约金等,张某某对此提供担保。后因山西某房地产公司未按期偿还借款,任某某向太原仲裁委员会申请仲裁,太原仲裁委员会于8月19日受理该案,并于2015年9月17日作出(2015)并仲调字第383号调解书。该调解书第1条载明:欠款总额为本金1.7亿元、利息1360万元、违约金1500万元;第3条载明:双方

明确欠款总额利息人民币1360万元，山西某房地产公司向任某某按月支付，利率按借款合同约定执行（月利率1.6%），自本协议签订之日起每满一个月（30日为1个月，最后1个月不足30日的以借款期满为一个月）付清当月利息，本协议签订之前所欠利息计入第一个应付利息月支付。

因山西某房地产公司未履行仲裁调解书，任某某于2017年3月27日向山西省太原市中级人民法院（以下简称太原中院）申请强制执行。后张某某等于2015年9月1日至2016年2月2日，分19次共归还任某某欠款1150万元；2017年5月9日，偿还1.8亿元。2019年7月8日，太原中院作出（2015）并执字第508号执行通知书并于2019年8月11日作出（2015）并执字第508号执行裁定书，将（2015）并执字第508号执行通知书补正为（2015）并执字第508号之一执行通知书，该执行通知书确定的本案未履行数额为74139708.33元及执行费261500元并附计算表。对此，申请执行人与被执行人均提出执行异议，认为该执行通知书载明的未履行债务数额存在计算错误，请求予以纠正。

双方争议焦点在于是否应以本金1.7亿元为基数计算一般债务利息，是否应以利息1360万元为基数计算一般债务利息和加倍部分债务利息，以及是否应以违约金1500万元为基数计算加倍部分债务利息。太原中院认为，本金1.7亿元不再计算一般债务利息，但应以利息1360万元为基数计算一般债务利息和加倍部分债务利息，以违约金1500万元为基数计算加倍部分债务利息，本案未履行数额截至2019年8月28日共计30989056.62元，并于2019年9月2日分别针对山西某房地产公司、张某某与任某某的异议，作出（2019）晋01执异172号与（2019）晋01执异178号执行裁定：撤销太原中院作出的（2015）并执字第508号之一执行通知书。山西某房地产公司、张某某不服，以利息1360万元和违约金1500万元均不应计算加倍部分债务利息为由，向山西省高级人民法院（以下简称山西高院）申请复议。山西高院认为，以上一般债务利息和加倍部分债务利息均不应计算，于2019年11月25日作出（2019）晋执复149号执行裁定：一、撤销太原中院（2019）晋01执异172号执行裁定；二、撤销太原中院（2019）晋01执异178号执行裁定；三、撤销太原中院（2015）并执字第508号之一执行通知书。任某某不服，以违约金1500万元应计算加倍部分债务利息和1.7亿元本金应计算一般债务利息为由,向最高人民法院申请执行监督。最高人民法院于2020年12月18日作出(2020)最高法执监37号执行裁定:驳回任某某的申诉。

裁判理由

法院生效裁判认为,第一,关于仲裁调解书确定的违约金应否计算加倍部分的债务利息。根据《最高人民法院关于执行程序中计算迟延履行期间的债务利息适用法律若干问题的解释》第1条第3款的规定,加倍部分债务利息应以债务人尚未清偿的除一般债务利息之外的金钱债务为基数进行计算。本案中,案涉调解书第1条确定的1500万元违约金系山西某房地产公司等逾期归还1.7亿元借款本金所产生的违约责任,与其逾期还款应支付的逾期债务利息在性质上具有类似性,同时还具有一定的惩罚性,山西高院对该部分不予计算加倍部分的债务利息,符合上述司法解释规定的精神。第二,关于是否应计算迟延履行期间的一般债务利息。根据《最高人民法院关于执行程序中计算迟延履行期间的债务利息适用法律若干问题的解释》第1条第2款的规定,生效法律文书未确定迟延履行期间的一般债务利息的,不予计算。本案中,结合双方于2015年7月28日签订的《借款合同》及仲裁调解书进行解释,该调解书第1条明确了山西某房地产公司等在2015年12月31日前应支付的利息总额为1360万元,第3条则系对该利息应如何支付的具体约定,并未确定调解书约定的履行期限届满后其应支付本金1.7亿元的一般债务利息,故山西高院不予计算亦无不当。

裁判要旨

生效法律文书确定借款人应向出借人支付逾期还款的违约金,系借款人违反借款合同约定的按期还款义务而应承担的违约责任,与逾期还款产生的债务利息在性质上具有类似性,同时还具有一定的惩罚性。因此在进入执行程序后,根据《最高人民法院关于执行程序中计算迟延履行期间的债务利息适用法律若干问题的解释》第1条第3款关于"加倍部分债务利息应以债务人尚未清偿的生效法律文书确定的除一般债务利息之外的金钱债务为基数进行计算"的规定,不应再以该违约金为基数计算加倍部分的债务利息。

关联索引

《最高人民法院关于执行程序中计算迟延履行期间的债务利息适用法律若干问题的解释》第1条

执行异议：山西省太原市中级人民法院（2019）晋01执异172号执行裁定（2019年9月2日）

执行复议：山西省高级人民法院（2019）晋执复149号执行裁定（2019年11月25日）

执行监督：最高人民法院（2020）最高法执监37号执行裁定（2020年12月18日）

王某某与某某公司、谢某某执行监督案
——履行民事调解书过程中违约责任的争议应另行诉讼解决

关键词：执行　执行监督　民事调解书　违约责任　另行诉讼

基本案情

王某某诉某某公司、谢某某买卖合同纠纷一案，陕西省泾阳县人民法院（以下简称泾阳法院）于2017年4月28日作出（2017）陕0423民初28号民事调解书，确认：一、经王某某与谢某某一致确认，某某公司净资产为人民币4800万元，王某某自愿将其持有的某某公司51%的股权转让给第三人谢某某持有，价款为人民币2400万元。二、由谢某某于2017年5月13日前向王某某支付人民币600万元，于2017年6月28日前支付人民币500万元。三、王某某如数收到谢某某1100万元之日起，五个工作日内将某某公司的法定代表人变更为谢某某，并办理股权转让工商登记手续；上述变更完成之日起六个月内一次性付清剩余人民币1300万元。四、如谢某某对上述给付事项未按约定足额履行，自愿承担违约金人民币500万元。五、案外人陈某林、陈乾某、任某自愿对上述给付之项承担连带保证责任。六、某某公司自愿对上述给付之项承担连带保证责任。七、王某某同意某某公司使用其商标及公司名称，自工商登记变更之日起六个月，期满后由王某某与谢某某另行协商。八、本调解协议履行完结后，各方再无其他争议。上述协议，不违反法律规定，泾阳法院予以确认。

上述调解书生效后，谢某某于2017年5月12日通过任某、陈乾某银行账户向王某某转账共计600万元；2017年6月27日被执行人谢某某通过陈

乾某银行账户向王某某转账共计500万元；2017年7月3日某某公司按股东会决议，将法定代表人由王某某变更为谢某某之夫陈某林；2018年1月2日被执行人谢某某通过陈乾某、谢某某、任某银行账户向王某某转账共计1280万元。上述付款总金额2380万元，王某某已在强制执行申请书中予以认可。2019年5月7日，申请执行人王某某向泾阳法院提交强制执行申请并请求：1.被执行人连带支付申请执行人剩余20万元股权转让款，并支付500万元违约金；2.责令某某公司立即停止使用"某某"商标，立即停止在公司名称中使用"某某"字号。执行过程中，泾阳法院作出（2019）陕0423执568号执行通知书，通知被执行人某某公司、谢某某给付申请执行人520万元，并承担执行费53400元。被执行人某某公司、谢某某向泾阳法院提出书面执行异议，认为其不应向申请执行人履行500万元，并承担执行费53400元。

泾阳法院于2019年10月16日作出（2019）陕0423执异11号执行裁定，裁定驳回某某公司、谢某某的异议请求。某某公司、谢某某不服，向陕西省咸阳市中级人民法院（以下简称咸阳中院）申请复议，咸阳中院于2019年12月27日作出（2019）陕04执复75号执行裁定：裁定撤销泾阳法院（2019）陕0423执568号执行通知书和（2019）陕0423执异11号执行裁定。王某某不服，向陕西省高级人民法院（以下简称陕西高院）申诉，陕西高院于2020年9月24日作出（2020）执监4号执行裁定，裁定驳回王某某的申诉请求。

裁判理由

本案焦点是当事人在履行民事调解书的过程中对是否存在违约产生争议，该争议能否在执行程序中予以解决。法院生效裁判认为，该争议不应在执行程序中审查处理。

1.本案性质上系新产生的民事权利义务。本案实际是对生效调解书达成后变更而产生的争议，其性质上是对新产生的民事权利义务的争议。从谢某某实际履行情况看，其按照调解书约定的时间和数额履行了2380万股权转让款，而在履行最后一笔股权转让款1300万元时逾期未履行20万元。王某某就此依据民事调解书约定的违约条款申请执行逾期未履行的20万元及约定的500万元违约金，而谢某某提出的异议理由认为没有支付20万元是基于代扣代缴所得税。双方对此事实表述不一。执行程序中对此不宜作简单判断，且本案如继续执行500万元违约金，会对双方产生较大的权益影响。通过诉讼等方式实体审查更利于查明争议的事实，也更有利于保护各方当事人的合法权益。

2.执行程序是审判程序的后位程序，其任务是强制义务人履行审判程序或其他程序所确认的义务。执行程序只调整人民法院和执行当事人及执行参加人之间的程序权利义务关系，对执行依据所确定的实体权利义务关系没有更改权。对民事调解书的履行过程中是否构成违约等进行判断，系对新形成的权利义务关系的认定，超出了执行依据的范围。

3.当事人对是否构成违约有争议，导致执行依据给付内容不明确。根据《最高人民法院关于人民法院执行工作若干问题的规定（试行）》第16条的规定，申请执行的法律文书应当有给付内容，且执行标的和被执行人明确。故对于可采取强制执行措施的生效法律文书所确定的内容必须具有给付性，如果一方当事人不按照确定的给付内容履行，另一方当事人可以就该确定的给付内容向人民法院申请强制执行。因此，人民法院在受理执行案件时，首先应对申请执行人的债权请求权是否存在予以审查，即有权对调解书等法律文书是否具有可执行性进行审查。关于民事调解书履行过程中是否存在不履行、迟延履行、不完全履行的情形，均取决于调解书生效后的履行情况，当事人对履行情况有争议的，导致执行依据给付内容或责任承担不明确的，执行机构不应直接审查认定，应裁定驳回执行申请，并告知当事人可以另行起诉。

裁判要旨

申请执行人与被执行人就履行民事调解书过程中是否违约存在争议，申请执行人依据调解书约定的违约条款申请执行违约金的，该违约事实并非简单的事实判断，而是属于与案件审结后新发生事实相结合而形成的新的实体权利义务争议。双方争议较大的，不宜在执行程序中进行处理，当事人可以通过诉讼程序另行解决。

关联索引

《最高人民法院关于人民法院执行工作若干问题的规定（试行）》（2020年修正）第16条、第22条、第71条［本案适用的是1998年7月8日施行的《最高人民法院关于人民法院执行工作若干问题的规定（试行）》第18条、第24条、第129条］

执行异议：陕西省泾阳县人民法院（2019）陕0423执异11号执行裁定（2019年10月16日）

执行复议：陕西省咸阳市中级人民法院（2019）陕04执复75号执行裁定（2019年12月27日）

执行监督：陕西省高级人民法院（2020）陕执监4号执行裁定（2020年9月24日）

四、其 他

尚某诉柳州某塑料制品厂专利权宣告无效后返还费用纠纷案
——专利无效后对调解书已履行部分显失公平的认定

关键词：民事　知识产权　专利无效决定　追溯力　调解书　显失公平

基本案情

尚某系名称为"纸碗或纸杯的筒纸片排版方法"、专利号为20××× 0233502.×的发明专利（以下简称涉案专利）专利权人。2018年10月31日，尚某以柳州某塑料制品厂侵害涉案专利权为由向广西壮族自治区柳州市中级人民法院提起诉讼。2018年11月16日，根据双方自愿达成的协议，法院制作了民事调解书：一、柳州某塑料制品厂支付尚某涉案专利许可使用费22万元（于2018年11月16日支付12万元，于2019年8月10日前支付10万元）；二、尚某许可柳州某塑料制品厂在2018年11月16日至2020年12月31日期间，使用涉案专利生产同类型的产品。同日，柳州某塑料制品厂依据前述约定，向尚某支付了许可使用费12万元。柳州某塑料制品厂未履行其余约定。2018年10月30日，案外人请求国家知识产权局宣告涉案专利权无效。国家知识产权局于2019年4月3日作出第39740号无效宣告审查决定（以下简称涉案无效决定），宣告涉案专利权全部无效。该决定经过司法程序已经发生法律效力。柳州某塑料制品厂遂诉至广西壮族自治区柳州市中级人民法院，主张涉案专利权无效宣告的决定应对涉案调解书具有追溯力，尚某应返还费用 12 万元及其利息。

广西壮族自治区柳州市中级人民法院于 2021 年 4 月 18 日作出的（2019）桂 02 知民初 11 号民事判决：判令尚某因涉案调解书的履行而获得的专利许可使用费 12 万元，应予如数返还给柳州某塑料制品厂。尚某提出上诉，最高人民法院于 2022 年 6 月 9 日作出（2021）最高法知民终 1986 号民事判决：撤销一审判决，驳回柳州某塑料制品厂的诉讼请求。

裁判理由

法院生效裁判认为：涉案调解书是对尚某与柳州某塑料制品厂在侵害发明专利权纠纷案中双方自愿达成的以专利许可使用为形式的和解协议的确认，该协议约定了分期履行义务，其中第一期款项于 2018 年 10 月 31 日已经履行完毕，该部分的履行时间在涉案无效决定的决定日前，该无效决定对已经履行的部分没有追溯力。《专利法》第 47 条第 3 款规定，依照前款规定不返还专利侵权赔偿金、专利使用费、专利权转让费，明显违反公平原则的，应当全部或者部分返还。当专利被宣告无效之日前已支付的专利侵权赔偿金、专利使用费、专利转让费与许可使用费总金额之比，明显高于专利被宣告无效之日前实际使用专利技术的期间与整个许可使用期限之比的，则属于该款中"明显违反公平原则"。当然，对于是否存在返还的情形，应由被许可实施专利的人或被诉侵权人举证证明。根据在案材料可知，涉案调解书是对双方当事人在侵害发明专利权纠纷案中自愿协商达成的和解协议的确认，许可费用金额亦略低于涉案专利的其他侵权纠纷案判决的金额，且柳州某塑料制品厂也未能举证证明该金额明显超出正常范围。同时，涉案调解书是在专利侵权纠纷案中达成的以专利许可使用为形式的和解协议，柳州某塑料制品厂在涉案专利被宣告无效之日前已支付的 12 万元与许可使用费总金额 22 万元之比，相对于柳州某塑料制品厂在涉案专利被宣告无效之日前已实际使用涉案专利技术的期间与涉案调解书约定的许可使用期限之比，尚属合理，不存在显失公平之情形。因此，尚某不返还柳州某塑料制品厂已经支付的 12 万元许可费不属于显失公平的情形。

裁判要旨

宣告专利权无效前已经支付的专利许可使用费与许可使用费总额之比，

明显高于专利权被宣告无效前的许可期间与整个许可期限之比，当事人以不予返还明显违反公平原则为由请求返还的，人民法院可予支持。

关联索引

《中华人民共和国专利法》第 47 条（本案适用的是 2009 年 10 月 1 日施行的《中华人民共和国专利法》第 47 条）

一审：广西壮族自治区柳州市中级人民法院（2019）桂 02 知民初 11 号民事判决（2021 年 4 月 18 日）

二审：最高人民法院（2021）最高法知民终 1986 号民事判决（2022 年 6 月 9 日）

山东倪某房地产开发有限公司诉文登市惠某房地产开发有限公司商品房预售合同案
——基于后让与担保签订的商品房预售合同经调解解除是否构成虚假诉讼

关键词：民事　商品房预售合同　调解解除　后让与担保　虚假诉讼

基本案情

2014 年 7 月 21 日，山东倪某房地产开发有限公司（以下简称倪某公司）向山东省威海市环翠区人民法院提起诉讼，主张其因资金紧张不能按照约定时间付清房款，请求依法解除与文登市惠某房地产开发有限公司（以下简称惠某公司）签订的商品房预售合同。审理过程中，双方当事人达成调解协议：解除倪某公司与惠某公司所签订的商品房预售合同；双方对其他无争议。案件受理费 100 元，减半收取 50 元，由惠某公司负担。威海市环翠区人民法院以调解书对上述调解协议予以确认。

2017 年 8 月 30 日，山东省威海市人民检察院向山东省威海市中级人民法院提起抗诉称：有新的证据足以证明威海市环翠区人民法院的民事调解书系倪某公司与惠某公司进行虚假诉讼作出的，倪某公司与惠某公司之间系借款合同关系，而非商品房买卖合同关系。双方签订房屋买卖合同、到房管部门备案的目的不是买卖房屋，而是为倪某公司与威海市某诺房地产开发有限公司（以下简称某诺公司）之间的借款提供担保；倪某公司与惠某公司进行诉讼解除合同的原因不是倪某公司无力支付购房款，而是解除借款担保。倪某公司与惠某公司通过虚构的法律关系、虚假的合同和陈述提起诉讼，违反了民事诉讼的诚信原则，浪费了司法资源，妨害了司法秩序，损害了国家利益。

法院经审理查明：2014年4月30日，倪某公司、某诺公司、惠某公司三方签订了一份借款协议。该借款协议约定，某诺公司向倪某公司借款1340万元，借款期限自2014年4月30日起至2014年10月30日止，惠某公司同意作为共同借款人对该借款承担共同还款责任。某诺公司及惠某公司从倪某公司借款专项用于清偿某诺公司与工行经开支行签订的2011年（经开）字×××号《房地产借款合同》项下所产生的贷款本息，倪某公司同意自协议签订之日起2日内将所借款项支付至某诺公司账户。借款利率为月利率2%，利息支付方式为利随本清。为保障债务的履行，某诺公司及惠某公司同意将其开发建设的位于文登区侯家镇和某花园居民小区项目中的411套住宅用房及商业网点房在协议签订后2个工作日内全部网签到倪某公司或倪某公司指定人员名下；借款期满后，如某诺公司及惠某公司按时履行还款义务，则倪某公司同意在全部借款本息结清后解除网签；如某诺公司及惠某公司未能完全履行借款本息偿还责任或违反协议项下任意承诺与保证的，则某诺公司及惠某公司同意倪某公司对网签房屋有权自行处置或直接办理产权证给倪某公司，某诺公司及惠某公司无条件配合将在建工程手续资料变更给倪某公司，产生的费用由某诺公司及惠某公司承担，牵扯到与房产有关的纠纷均由某诺公司及惠某公司解决；借款期限内，某诺公司及惠某公司销售已网签给倪某公司的房屋取得的销售收入需存入指定专户，由工行经开支行进行监管，监管账户内资金达到50万元时，应用于偿还倪某公司。

上述借款协议签订后，倪某公司于2014年4月30日共向某诺公司的账户转入款项1340万元。2014年5月1日，倪某公司、惠某公司就文登区侯家镇和某花园居民小区1-7号房屋签订了一份商品房预售合同。合同约定，倪某公司向惠某公司购买该房屋，购房款33000元于2014年4月30日以现金的方式一次性付清，合同在履行过程中发生的争议，协商不成的，依法向威海市环翠区人民法院起诉。同日，该合同在威海市文登区住房保障和房产管理局（以下简称文登房产局）网签。

2016年7月27日，山东省威海市中级人民法院裁定某诺公司重整。2017年8月31日，山东省威海市中级人民法院认定某诺公司与惠某公司构成法人人格混同，裁定惠某公司与某诺公司合并重整。

另查明：某诺公司与惠某公司尚欠倪某公司的借款本金及利息未付清，现尚欠的借款本息已列入破产债权。

山东省威海市中级人民法院于2017年12月25日作出（2017）鲁10民再20号民事裁定：本案终结再审程序。

裁判理由

法院生效裁判认为：倪某公司与某诺公司、惠某公司签订借款协议，并约定某诺公司、惠某公司用涉案房屋进行担保，在某诺公司、惠某公司不能清偿借款时，倪某公司有权处置房屋。在此基础上，倪某公司与惠某公司签订了涉案商品房预售合同。倪某公司与惠某公司签订该预售合同的真实目的是给借款关系提供担保，并非为了实现商品房预售合同的目标，双方之间形成的系让与担保，商品房预售合同系让与担保的表现形式。因此，双方真实的法律关系为借款关系，并非商品房买卖关系。但签订商品房预售合同以设定担保系双方真实的效果意思，该意思表示并非虚假。双方基于真实的商品房预售合同进行诉讼，并未虚构主要事实，故本案并非虚假诉讼。倪某公司在惠某公司尚欠其借款本息的情况下起诉要求解除涉案商品房预售合同，使房屋恢复到可自由交易的状态，原审中双方当事人达成的解除商品房预售合同的调解协议并未侵犯其他债权人的利益。同时，该调解协议并不违反法律、行政法规的强制性规定，也未损害国家利益、社会公共利益或者案外人的合法权益，不应予以撤销。

裁判要旨

考察双方当事人签订商品房预售合同是否系其真实意思表示，提起诉讼是否系试图通过虚构法律关系、利用法院裁判权实现非法目的，是处理此类案件的基础。

让与担保，是指债务人或者第三人为担保债权人的债权，与债权人签订不动产买卖合同，约定将不动产买卖合同的标的物作为担保标的物，但权利转让并不实际履行，于债务人不能清偿债务时，须将担保标的物的所有权转让给债权人，债权人据此享有的以担保标的物优先受偿的担保物权。为保护社会交易安全，应认可合同双方设定担保是真实的意思表示，其买卖合同系让与担保的外在表现形式，让与担保并非通谋虚伪意思表示。

关联索引

《最高人民法院关于适用〈中华人民共和国民事诉讼法〉的解释》第407条第1款第2项（本案适用的是2015年2月4日施行的《最高人民法院关于适用〈中华人民共和国民事诉讼法〉的解释》第409条第1款第2项）

一审：山东省威海市环翠区人民法院（2014）威环民初字第1549号民事调解书（2014年8月1日）

再审：山东省威海市中级人民法院（2017）鲁10民再20号民事裁定（2017年12月25日）

第五部分　相关规定

中华人民共和国民事诉讼法（节录）

（1991年4月9日第七届全国人民代表大会第四次会议通过　根据2007年10月28日第十届全国人民代表大会常务委员会第三十次会议《关于修改〈中华人民共和国民事诉讼法〉的决定》第一次修正　根据2012年8月31日第十一届全国人民代表大会常务委员会第二十八次会议《关于修改〈中华人民共和国民事诉讼法〉的决定》第二次修正　根据2017年6月27日第十二届全国人民代表大会常务委员会第二十八次会议《关于修改〈中华人民共和国民事诉讼法〉和〈中华人民共和国行政诉讼法〉的决定》第三次修正　根据2021年12月24日第十三届全国人民代表大会常务委员会第三十二次会议《关于修改〈中华人民共和国民事诉讼法〉的决定》第四次修正　根据2023年9月1日第十四届全国人民代表大会常务委员会第五次会议《关于修改〈中华人民共和国民事诉讼法〉的决定》第五次修正）

目　录

第一编　总　则
　第一章　任务、适用范围和基本原则
　第二章　管　辖
　　第一节　级别管辖
　　第二节　地域管辖
　　第三节　移送管辖和指定管辖
　第三章　审判组织

第四章　回　避

第五章　诉讼参加人

　第一节　当事人

　第二节　诉讼代理人

第六章　证　据

第七章　期间、送达

　第一节　期　间

　第二节　送　达

第八章　调　解

第九章　保全和先予执行

第十章　对妨害民事诉讼的强制措施

第十一章　诉讼费用

第二编　审判程序

　第十二章　第一审普通程序

　　第一节　起诉和受理

　　第二节　审理前的准备

　　第三节　开庭审理

　　第四节　诉讼中止和终结

　　第五节　判决和裁定

　第十三章　简易程序

　第十四章　第二审程序

　第十五章　特别程序

　　第一节　一般规定

　　第二节　选民资格案件

　　第三节　宣告失踪、宣告死亡案件

　　第四节　指定遗产管理人案件

　　第五节　认定公民无民事行为能力、限制民事行为能力案件

　　第六节　认定财产无主案件

　　第七节　确认调解协议案件

　　第八节　实现担保物权案件

第十六章　审判监督程序

第十七章　督促程序

第十八章　公示催告程序

第三编　执行程序

第十九章　一般规定

第二十章　执行的申请和移送

第二十一章　执行措施

第二十二章　执行中止和终结

第四编　涉外民事诉讼程序的特别规定

第二十三章　一般原则

第二十四章　管　辖

第二十五章　送达、调查取证、期间

第二十六章　仲　裁

第二十七章　司法协助

第十五章　特别程序

第七节　确认调解协议案件

第二百零五条　经依法设立的调解组织调解达成调解协议，申请司法确认的，由双方当事人自调解协议生效之日起三十日内，共同向下列人民法院提出：

（一）人民法院邀请调解组织开展先行调解的，向作出邀请的人民法院提出；

（二）调解组织自行开展调解的，向当事人住所地、标的物所在地、调解组织所在地的基层人民法院提出；调解协议所涉纠纷应当由中级人民法院管辖的，向相应的中级人民法院提出。

第二百零六条　人民法院受理申请后，经审查，符合法律规定的，裁定调解协议有效，一方当事人拒绝履行或者未全部履行的，对方当事人可以向人民法院申请执行；不符合法律规定的，裁定驳回申请，当事人可以通过调解方式变更原调解协议或者达成新的调解协议，也可以向人民法院提起诉讼。

中华人民共和国人民调解法

（2010年8月28日第十一届全国人民代表大会常务委员会第十六次会议通过 2010年8月28日中华人民共和国主席令第三十四号公布 自2011年1月1日起施行）

目 录

第一章　总　则
第二章　人民调解委员会
第三章　人民调解员
第四章　调解程序
第五章　调解协议
第六章　附　则

第一章　总　则

第一条　为了完善人民调解制度，规范人民调解活动，及时解决民间纠纷，维护社会和谐稳定，根据宪法，制定本法。

第二条　本法所称人民调解，是指人民调解委员会通过说服、疏导等方法，促使当事人在平等协商基础上自愿达成调解协议，解决民间纠纷的活动。

第三条　人民调解委员会调解民间纠纷，应当遵循下列原则：

（一）在当事人自愿、平等的基础上进行调解；

（二）不违背法律、法规和国家政策；

（三）尊重当事人的权利，不得因调解而阻止当事人依法通过仲裁、行政、司法等途径维护自己的权利。

第四条　人民调解委员会调解民间纠纷，不收取任何费用。

第五条　国务院司法行政部门负责指导全国的人民调解工作，县级以上地方人民政府司法行政部门负责指导本行政区域的人民调解工作。

基层人民法院对人民调解委员会调解民间纠纷进行业务指导。

第六条　国家鼓励和支持人民调解工作。县级以上地方人民政府对人民调解工作所需经费应当给予必要的支持和保障，对有突出贡献的人民调解委员会和人民调解员按照国家规定给予表彰奖励。

第二章　人民调解委员会

第七条　人民调解委员会是依法设立的调解民间纠纷的群众性组织。

第八条　村民委员会、居民委员会设立人民调解委员会。企业事业单位根据需要设立人民调解委员会。

人民调解委员会由委员三至九人组成，设主任一人，必要时，可以设副主任若干人。

人民调解委员会应当有妇女成员，多民族居住的地区应当有人数较少民族的成员。

第九条　村民委员会、居民委员会的人民调解委员会委员由村民会议或者村民代表会议、居民会议推选产生；企业事业单位设立的人民调解委员会委员由职工大会、职工代表大会或者工会组织推选产生。

人民调解委员会委员每届任期三年，可以连选连任。

第十条　县级人民政府司法行政部门应当对本行政区域内人民调解委员会的设立情况进行统计，并且将人民调解委员会以及人员组成和调整情况及时通报所在地基层人民法院。

第十一条　人民调解委员会应当建立健全各项调解工作制度，听取群众意见，接受群众监督。

第十二条　村民委员会、居民委员会和企业事业单位应当为人民调解委员会开展工作提供办公条件和必要的工作经费。

第三章　人民调解员

第十三条　人民调解员由人民调解委员会委员和人民调解委员会聘任的人员担任。

第十四条　人民调解员应当由公道正派、热心人民调解工作，并具有一定文化水平、政策水平和法律知识的成年公民担任。

县级人民政府司法行政部门应当定期对人民调解员进行业务培训。

第十五条 人民调解员在调解工作中有下列行为之一的，由其所在的人民调解委员会给予批评教育、责令改正，情节严重的，由推选或者聘任单位予以罢免或者解聘：

（一）偏袒一方当事人的；

（二）侮辱当事人的；

（三）索取、收受财物或者牟取其他不正当利益的；

（四）泄露当事人的个人隐私、商业秘密的。

第十六条 人民调解员从事调解工作，应当给予适当的误工补贴；因从事调解工作致伤致残，生活发生困难的，当地人民政府应当提供必要的医疗、生活救助；在人民调解工作岗位上牺牲的人民调解员，其配偶、子女按照国家规定享受抚恤和优待。

第四章 调解程序

第十七条 当事人可以向人民调解委员会申请调解；人民调解委员会也可以主动调解。当事人一方明确拒绝调解的，不得调解。

第十八条 基层人民法院、公安机关对适宜通过人民调解方式解决的纠纷，可以在受理前告知当事人向人民调解委员会申请调解。

第十九条 人民调解委员会根据调解纠纷的需要，可以指定一名或者数名人民调解员进行调解，也可以由当事人选择一名或者数名人民调解员进行调解。

第二十条 人民调解员根据调解纠纷的需要，在征得当事人的同意后，可以邀请当事人的亲属、邻里、同事等参与调解，也可以邀请具有专门知识、特定经验的人员或者有关社会组织的人员参与调解。

人民调解委员会支持当地公道正派、热心调解、群众认可的社会人士参与调解。

第二十一条 人民调解员调解民间纠纷，应当坚持原则，明法析理，主持公道。

调解民间纠纷，应当及时、就地进行，防止矛盾激化。

第二十二条 人民调解员根据纠纷的不同情况，可以采取多种方式调解民间纠纷，充分听取当事人的陈述，讲解有关法律、法规和国家政策，耐心疏导，在当事人平等协商、互谅互让的基础上提出纠纷解决方案，帮助当事人自愿达成调解协议。

第二十三条 当事人在人民调解活动中享有下列权利：

（一）选择或者接受人民调解员；

（二）接受调解、拒绝调解或者要求终止调解；

（三）要求调解公开进行或者不公开进行；

（四）自主表达意愿、自愿达成调解协议。

第二十四条 当事人在人民调解活动中履行下列义务：

（一）如实陈述纠纷事实；

（二）遵守调解现场秩序，尊重人民调解员；

（三）尊重对方当事人行使权利。

第二十五条 人民调解员在调解纠纷过程中，发现纠纷有可能激化的，应当采取有针对性的预防措施；对有可能引起治安案件、刑事案件的纠纷，应当及时向当地公安机关或者其他有关部门报告。

第二十六条 人民调解员调解纠纷，调解不成的，应当终止调解，并依据有关法律、法规的规定，告知当事人可以依法通过仲裁、行政、司法等途径维护自己的权利。

第二十七条 人民调解员应当记录调解情况。人民调解委员会应当建立调解工作档案，将调解登记、调解工作记录、调解协议书等材料立卷归档。

第五章 调解协议

第二十八条 经人民调解委员会调解达成调解协议的，可以制作调解协议书。当事人认为无需制作调解协议书的，可以采取口头协议方式，人民调解员应当记录协议内容。

第二十九条 调解协议书可以载明下列事项：

（一）当事人的基本情况；

（二）纠纷的主要事实、争议事项以及各方当事人的责任；

（三）当事人达成调解协议的内容，履行的方式、期限。

调解协议书自各方当事人签名、盖章或者按指印，人民调解员签名并加盖人民调解委员会印章之日起生效。调解协议书由当事人各执一份，人民调解委员会留存一份。

第三十条 口头调解协议自各方当事人达成协议之日起生效。

第三十一条 经人民调解委员会调解达成的调解协议，具有法律约束力，当事人应当按照约定履行。

人民调解委员会应当对调解协议的履行情况进行监督，督促当事人履行约定的义务。

第三十二条 经人民调解委员会调解达成调解协议后，当事人之间就调解协议的履行或者调解协议的内容发生争议的，一方当事人可以向人民法院提起诉讼。

第三十三条 经人民调解委员会调解达成调解协议后，双方当事人认为有必要的，可以自调解协议生效之日起三十日内共同向人民法院申请司法确认，人民法院应当及时对调解协议进行审查，依法确认调解协议的效力。

人民法院依法确认调解协议有效，一方当事人拒绝履行或者未全部履行的，对方当事人可以向人民法院申请强制执行。

人民法院依法确认调解协议无效的，当事人可以通过人民调解方式变更原调解协议或者达成新的调解协议，也可以向人民法院提起诉讼。

第六章 附 则

第三十四条 乡镇、街道以及社会团体或者其他组织根据需要可以参照本法有关规定设立人民调解委员会，调解民间纠纷。

第三十五条 本法自 2011 年 1 月 1 日起施行。

最高人民法院
关于适用《中华人民共和国民事诉讼法》的解释（节录）

（2014年12月18日最高人民法院审判委员会第1636次会议通过 根据2020年12月23日最高人民法院审判委员会第1823次会议通过的《最高人民法院关于修改〈最高人民法院关于人民法院民事调解工作若干问题的规定〉等十九件民事诉讼类司法解释的决定》第一次修正 根据2022年3月22日最高人民法院审判委员会第1866次会议通过的《最高人民法院关于修改〈最高人民法院关于适用《中华人民共和国民事诉讼法》的解释〉的决定》第二次修正 该修正自2022年4月10日起施行）

目 录

一、管 辖

二、回 避

三、诉讼参加人

四、证 据

五、期间和送达

六、调 解

七、保全和先予执行

八、对妨害民事诉讼的强制措施

九、诉讼费用

十、第一审普通程序

十一、简易程序

十二、简易程序中的小额诉讼

十三、公益诉讼

十四、第三人撤销之诉

十五、执行异议之诉

十六、第二审程序

十七、特别程序

十八、审判监督程序

十九、督促程序

二十、公示催告程序

二十一、执行程序

二十二、涉外民事诉讼程序的特别规定

二十三、附　则

六、调　解

第一百四十二条　人民法院受理案件后，经审查，认为法律关系明确、事实清楚，在征得当事人双方同意后，可以径行调解。

第一百四十三条　适用特别程序、督促程序、公示催告程序的案件，婚姻等身份关系确认案件以及其他根据案件性质不能进行调解的案件，不得调解。

第一百四十四条　人民法院审理民事案件，发现当事人之间恶意串通，企图通过和解、调解方式侵害他人合法权益的，应当依照民事诉讼法第一百一十五条的规定处理。

第一百四十五条　人民法院审理民事案件，应当根据自愿、合法的原则进行调解。当事人一方或者双方坚持不愿调解的，应当及时裁判。

人民法院审理离婚案件，应当进行调解，但不应久调不决。

第一百四十六条　人民法院审理民事案件，调解过程不公开，但当事人同意公开的除外。

调解协议内容不公开，但为保护国家利益、社会公共利益、他人合法权益，人民法院认为确有必要公开的除外。

主持调解以及参与调解的人员，对调解过程以及调解过程中获悉的国家秘密、商业秘密、个人隐私和其他不宜公开的信息，应当保守秘密，但为保护国家利益、社会公共利益、他人合法权益的除外。

第一百四十七条　人民法院调解案件时，当事人不能出庭的，经其特别授权，可由其委托代理人参加调解，达成的调解协议，可由委托代理人签名。

离婚案件当事人确因特殊情况无法出庭参加调解的，除本人不能表达意志的以外，应当出具书面意见。

第一百四十八条 当事人自行和解或者调解达成协议后，请求人民法院按照和解协议或者调解协议的内容制作判决书的，人民法院不予准许。

无民事行为能力人的离婚案件，由其法定代理人进行诉讼。法定代理人与对方达成协议要求发给判决书的，可根据协议内容制作判决书。

第一百四十九条 调解书需经当事人签收后才发生法律效力的，应当以最后收到调解书的当事人签收的日期为调解书生效日期。

第一百五十条 人民法院调解民事案件，需由无独立请求权的第三人承担责任的，应当经其同意。该第三人在调解书送达前反悔的，人民法院应当及时裁判。

第一百五十一条 根据民事诉讼法第一百零一条第一款第四项规定，当事人各方同意在调解协议上签名或者盖章后即发生法律效力的，经人民法院审查确认后，应当记入笔录或者将调解协议附卷，并由当事人、审判人员、书记员签名或者盖章后即具有法律效力。

前款规定情形，当事人请求制作调解书的，人民法院审查确认后可以制作调解书送交当事人。当事人拒收调解书的，不影响调解协议的效力。

最高人民法院
关于印发《最高人民法院关于民商事案件繁简分流和调解速裁操作规程（试行）》的通知

2017年5月8日　　　　　　　　　　　　法发〔2017〕14号

各省、自治区、直辖市高级人民法院，解放军军事法院，新疆维吾尔自治区高级人民法院生产建设兵团分院：

现将《最高人民法院关于民商事案件繁简分流和调解速裁操作规程（试行）》予以印发，请在人民法院内部认真贯彻执行。执行中发现情况和问题请及时报告最高人民法院。

附：

最高人民法院
关于民商事案件繁简分流和调解速裁操作规程（试行）

　　为贯彻落实最高人民法院《关于进一步推进案件繁简分流优化司法资源配置的若干意见》《关于人民法院进一步深化多元化纠纷解决机制改革的意见》，推动和规范人民法院民商事案件繁简分流、先行调解、速裁等工作，依法高效审理民商事案件，实现简案快审、繁案精审，切实减轻当事人诉累，根据《中华人民共和国民事诉讼法》及有关司法解释，结合人民法院审判工作实际，制定本规程。

　　第一条　民商事简易纠纷解决方式主要有先行调解、和解、速裁、简易程序、简易程序中的小额诉讼、督促程序等。

　　人民法院对当事人起诉的民商事纠纷，在依法登记立案后，应当告知双方当事人可供选择的简易纠纷解决方式，释明各项程序的特点。

　　先行调解包括人民法院调解和委托第三方调解。

　　第二条　人民法院应当指派专职或兼职程序分流员。

　　程序分流员负责以下工作：

　　（一）根据案件事实、法律适用、社会影响等因素，确定案件应当适用的程序；

　　（二）对系列性、群体性或者关联性案件等进行集中分流；

　　（三）对委托调解的案件进行跟踪、提示、指导、督促；

　　（四）做好不同案件程序之间转换衔接工作；

　　（五）其他与案件分流、程序转换相关的工作。

　　第三条　人民法院登记立案后，程序分流员认为适宜调解的，在征求当事人意见后，转入调解程序；认为应当适用简易程序、速裁的，转入相应程序，进行快速审理；认为应当适用特别程序、普通程序的，根据业务分工确定承办部门。

登记立案前,需要制作诉前保全裁定书、司法确认裁定书、和解备案的,由程序分流员记录后转办。

第四条 案件程序分流一般应当在登记立案当日完成,最长不超过三日。

第五条 程序分流后,尚未进入调解或审理程序时,承办部门和法官认为程序分流不当的,应当及时提出,不得自行将案件退回或移送。

程序分流员认为异议成立的,可以将案件收回并重新分配。

第六条 在调解或审理中,由于出现或发现新情况,承办部门和法官决定转换程序的,向程序分流员备案。已经转换过一次程序的案件,原则上不得再次转换。

第七条 案件适宜调解的,应当出具先行调解告知书,引导当事人先行调解,当事人明确拒绝的除外。

第八条 先行调解告知书包括以下内容:

(一)先行调解特点;

(二)自愿调解原则;

(三)先行调解人员;

(四)先行调解程序;

(五)先行调解法律效力;

(六)诉讼费减免规定;

(七)其他相关事宜。

第九条 下列适宜调解的纠纷,应当引导当事人委托调解:

(一)家事纠纷;

(二)相邻关系纠纷;

(三)劳动争议纠纷;

(四)交通事故赔偿纠纷;

(五)医疗纠纷;

(六)物业纠纷;

(七)消费者权益纠纷;

(八)小额债务纠纷;

(九)申请撤销劳动争议仲裁裁决纠纷。

其他适宜调解的纠纷，也可以引导当事人委托调解。

第十条 人民法院指派法官担任专职调解员，负责以下工作：

（一）主持调解；

（二）对调解达成协议的，制作调解书；

（三）对调解不成适宜速裁的，径行裁判。

第十一条 人民法院调解或者委托调解的，应当在十五日内完成。各方当事人同意的，可以适当延长，延长期限不超过十五日。调解期间不计入审理期限。

当事人选择委托调解的，人民法院应当在三日内移交相关材料。

第十二条 委托调解达成协议的，调解人员应当在三日内将调解协议提交人民法院，由法官审查后制作调解书或者准许撤诉裁定书。

不能达成协议的，应当书面说明调解情况。

第十三条 人民法院调解或者委托调解未能达成协议，需要转换程序的，调解人员应当在三日内将案件材料移送程序分流员，由程序分流员转入其他程序。

第十四条 经委托调解达成协议后撤诉，或者人民调解达成协议未经司法确认，当事人就调解协议的内容或者履行发生争议的，可以提起诉讼。

人民法院应当就当事人的诉讼请求进行审理，当事人的权利义务不受原调解协议的约束。

第十五条 第二审人民法院在征得当事人同意后，可以在立案后移送审理前由专职调解员或者合议庭进行调解，法律规定不予调解的情形除外。

二审审理前的调解应当在十日内完成。各方当事人同意的，可以适当延长，延长期限不超过十日。调解期间不计入审理期限。

第十六条 当事人同意先行调解的，暂缓预交诉讼费。委托调解达成协议的，诉讼费减半交纳。

第十七条 人民法院先行调解可以在诉讼服务中心、调解组织所在地或者双方当事人选定的其他场所开展。

先行调解可以通过在线调解、视频调解、电话调解等远程方式开展。

第十八条 人民法院建立诉调对接管理系统，对立案前第三方调解的纠纷进行统计分析，与审判管理系统信息共享。

诉调对接管理系统按照"诉前调"字号对第三方调解的纠纷逐案登记，采集当事人情况、案件类型、简要案情、调解组织或调解员、处理时间、处理结果等基本信息，形成纠纷调解信息档案。

第十九条 基层人民法院可以设立专门速裁组织，对适宜速裁的民商事案件进行裁判。

第二十条 基层人民法院对于离婚后财产纠纷、买卖合同纠纷、商品房预售合同纠纷、金融借款合同纠纷、民间借贷纠纷、银行卡纠纷、租赁合同纠纷等事实清楚、权利义务关系明确、争议不大的金钱给付纠纷，可以采用速裁方式审理。

但下列情形除外：

（一）新类型案件；

（二）重大疑难复杂案件；

（三）上级人民法院发回重审、指令立案受理、指定审理、指定管辖，或者其他人民法院移送管辖的案件；

（四）再审案件；

（五）其他不宜速裁的案件。

第二十一条 采用速裁方式审理民商事案件，一般只开庭一次，庭审直接围绕诉讼请求进行，不受法庭调查、法庭辩论等庭审程序限制，但应当告知当事人回避、上诉等基本诉讼权利，并听取当事人对案件事实的陈述意见。

第二十二条 采用速裁方式审理的民商事案件，可以使用令状式、要素式、表格式等简式裁判文书，应当当庭宣判并送达。

当庭即时履行的，经征得各方当事人同意，可以在法庭笔录中记录后不再出具裁判文书。

第二十三条 人民法院采用速裁方式审理民商事案件，一般应当在十日内审结，最长不超过十五日。

第二十四条 采用速裁方式审理案件出现下列情形之一的，应当及时将案件转为普通程序：

（一）原告增加诉讼请求致案情复杂；

（二）被告提出反诉；

（三）被告提出管辖权异议；

（四）追加当事人；

（五）当事人申请鉴定、评估；

（六）需要公告送达。

程序转换后，审限连续计算。

第二十五条 行政案件的繁简分流、先行调解和速裁，参照本规程执行。

本规程自发布之日起施行。

人民调解工作若干规定

（2002年9月26日中华人民共和国司法部令第75号发布

自2002年11月1日起施行）

第一章 总则

第一条 为了规范人民调解工作，完善人民调解组织，提高人民调解质量，根据《中华人民共和国宪法》和《中华人民共和国民事诉讼法》、《人民调解委员会组织条例》等法律、法规的规定，结合人民调解工作实际，制定本规定。

第二条 人民调解委员会是调解民间纠纷的群众性组织。

人民调解员是经群众选举或者接受聘任，在人民调解委员会领导下，从事人民调解工作的人员。

人民调解委员会委员、调解员，统称人民调解员。

第三条 人民调解委员会的任务是：

（一）调解民间纠纷，防止民间纠纷激化；

（二）通过调解工作宣传法律、法规、规章和政策，教育公民遵纪守法，尊重社会公德，预防民间纠纷发生；

（三）向村民委员会、居民委员会、所在单位和基层人民政府反映民间纠纷和调解工作的情况。

第四条 人民调解委员会调解民间纠纷，应当遵守下列原则：

（一）依据法律、法规、规章和政策进行调解，法律、法规、规章和政策没有明确规定的，依据社会主义道德进行调解；

（二）在双方当事人自愿平等的基础上进行调解；

（三）尊重当事人的诉讼权利，不得因未经调解或者调解不成而阻止当事人向人民法院起诉。

第五条　根据《最高人民法院关于审理涉及人民调解协议的民事案件的若干规定》，经人民调解委员会调解达成的、有民事权利义务内容，并由双方当事人签字或者盖章的调解协议，具有民事合同性质。当事人应当按照约定履行自己的义务，不得擅自变更或者解除调解协议。

第六条　在人民调解活动中，纠纷当事人享有下列权利：

（一）自主决定接受、不接受或者终止调解；

（二）要求有关调解人员回避；

（三）不受压制强迫，表达真实意愿，提出合理要求；

（四）自愿达成调解协议。

第七条　在人民调解活动中，纠纷当事人承担下列义务：

（一）如实陈述纠纷事实，不得提供虚假证明材料；

（二）遵守调解规则；

（三）不得加剧纠纷、激化矛盾；

（四）自觉履行人民调解协议。

第八条　人民调解委员会调解民间纠纷不收费。

第九条　司法行政机关依照本办法对人民调解工作进行指导和管理。

指导和管理人民调解委员会的日常工作，由乡镇、街道司法所（科）负责。

第二章　人民调解委员会和人民调解员

第十条　人民调解委员会可以采用下列形式设立：

（一）农村村民委员会、城市（社区）居民委员会设立的人民调解委员会；

（二）乡镇、街道设立的人民调解委员会；

（三）企业事业单位根据需要设立的人民调解委员会；

（四）根据需要设立的区域性、行业性的人民调解委员会。

人民调解委员会的设立及其组成人员，应当向所在地乡镇、街道司法所（科）备案；乡镇、街道人民调解委员会的设立及其组成人员，应当向县级司法行政机关备案。

第十一条　人民调解委员会由委员三人以上组成，设主任一人，必要时可以设副主任。

多民族聚居地区的人民调解委员会中，应当有人数较少的民族的成员。

人民调解委员会中应当有妇女委员。

第十二条　村民委员会、居民委员会和企业事业单位的人民调解委员会根据需要，可以自然村、小区（楼院）、车间等为单位，设立调解小组，聘任调解员。

第十三条　乡镇、街道人民调解委员会委员由下列人员担任：

（一）本乡镇、街道辖区内设立的村民委员会、居民委员会、企业事业单位的人民调解委员会主任；

（二）本乡镇、街道的司法助理员；

（三）在本乡镇、街道辖区内居住的懂法律、有专长、热心人民调解工作的社会志愿人员。

第十四条　担任人民调解员的条件是：为人公正，联系群众，热心人民调解工作，具有一定法律、政策水平和文化水平。

乡镇、街道人民调解委员会委员应当具备高中以上文化程度。

第十五条　人民调解员除由村民委员会成员、居民委员会成员或者企业事业单位有关负责人兼任的以外，一般由本村民区、居民区或者企业事业单位的群众选举产生，也可以由村民委员会、居民委员会或者企业事业单位聘任。

乡镇、街道人民调解委员会委员由乡镇、街道司法所（科）聘任。

区域性、行业性的人民调解委员会委员，由设立该人民调解委员会的组织聘任。

第十六条　人民调解员任期三年，每三年改选或者聘任一次，可以连选连任或者续聘。

人民调解员不能履行职务时，由原选举单位或者聘任单位补选、补聘。

人民调解员严重失职或者违法乱纪的，由原选举单位或者聘任单位撤换。

第十七条 人民调解员调解纠纷，必须遵守下列纪律：

（一）不得徇私舞弊；

（二）不得对当事人压制、打击报复；

（三）不得侮辱、处罚纠纷当事人；

（四）不得泄露当事人隐私；

（五）不得吃请受礼。

第十八条 人民调解员依法履行职务，受到非法干涉、打击报复的，可以请求司法行政机关和有关部门依法予以保护。

人民调解员履行职务，应当坚持原则，爱岗敬业，热情服务，诚实守信，举止文明，廉洁自律，注重学习，不断提高法律、道德素养和调解技能。

第十九条 人民调解委员会应当建立健全岗位责任制、例会、学习、考评、业务登记、统计和档案等各项规章制度，不断加强组织、队伍和业务建设。

第三章 民间纠纷的受理

第二十条 人民调解委员会调解的民间纠纷，包括发生在公民与公民之间、公民与法人和其他社会组织之间涉及民事权利义务争议的各种纠纷。

第二十一条 民间纠纷，由纠纷当事人所在地（所在单位）或者纠纷发生地的人民调解委员会受理调解。

村民委员会、居民委员会或者企业事业单位的人民调解委员会调解不了的疑难、复杂民间纠纷和跨地区、跨单位的民间纠纷，由乡镇、街道人民调解委员会受理调解，或者由相关的人民调解委员会共同调解。

第二十二条 人民调解委员会不得受理调解下列纠纷：

（一）法律、法规规定只能由专门机关管辖处理的，或者法律、法规禁止采用民间调解方式解决的；

（二）人民法院、公安机关或者其他行政机关已经受理或者解决的。

第二十三条 人民调解委员会根据纠纷当事人的申请，受理调解纠纷；当事人没有申请的，也可以主动调解，但当事人表示异议的除外。

当事人申请调解纠纷，可以书面申请，也可以口头申请。

受理调解纠纷，应当进行登记。

第二十四条 当事人申请调解纠纷，符合条件的，人民调解委员会应当及时受理调解。

不符合受理条件的，应当告知当事人按照法律、法规规定提请有关机关处理或者向人民法院起诉；随时有可能激化的，应当在采取必要的缓解疏导措施后，及时提交有关机关处理。

第四章 民间纠纷的调解

第二十五条 人民调解委员会调解纠纷，应当指定一名人民调解员为调解主持人，根据需要可以指定若干人民调解员参加调解。

当事人对调解主持人提出回避要求的，人民调解委员会应当予以调换。

第二十六条 人民调解委员会调解纠纷，应当分别向双方当事人询问纠纷的事实和情节，了解双方的要求及其理由，根据需要向有关方面调查核实，做好调解前的准备工作。

第二十七条 人民调解委员会调解纠纷，根据需要可以邀请有关单位或者个人参加，被邀请的单位或者个人应当给予支持。

调解跨地区、跨单位的纠纷，相关人民调解委员会应当相互配合，共同做好调解工作。

第二十八条 人民调解委员会调解纠纷，一般在专门设置的调解场所进行，根据需要也可以在便利当事人的其他场所进行。

第二十九条 人民调解委员会调解纠纷，根据需要可以公开进行，允许当事人的亲属、邻里和当地（本单位）群众旁听。但是涉及当事人的隐私、商业秘密或者当事人表示反对的除外。

第三十条 人民调解委员会调解纠纷，在调解前应当以口头或者书面形式告知当事人人民调解的性质、原则和效力，以及当事人在调解活动中享有的权利和承担的义务。

第三十一条 人民调解委员会调解纠纷，应当在查明事实、分清责任的基础上，根据当事人的特点和纠纷性质、难易程度、发展变化的情况，采取灵活多样的方式方法，开展耐心、细致的说服疏导工作，促使双方当事人互谅互让，消除隔阂，引导、帮助当事人达成解决纠纷的调解协议。

第三十二条 人民调解委员会调解纠纷，应当密切注意纠纷激化的苗头，通过调解活动防止纠纷激化。

第三十三条 人民调解委员会调解纠纷，一般在一个月内调结。

第五章 人民调解协议及其履行

第三十四条 经人民调解委员会调解解决的纠纷，有民事权利义务内容的，或者当事人要求制作书面调解协议的，应当制作书面调解协议。

第三十五条 调解协议应当载明下列事项：

（一）双方当事人基本情况；

（二）纠纷简要事实、争议事项及双方责任；

（三）双方当事人的权利和义务；

（四）履行协议的方式、地点、期限；

（五）当事人签名，调解主持人签名，人民调解委员会印章。

调解协议由纠纷当事人各执一份，人民调解委员会留存一份。

第三十六条 当事人应当自觉履行调解协议。

人民调解委员会应当对调解协议的履行情况适时进行回访，并就履行情况做出记录。

第三十七条 当事人不履行调解协议或者达成协议后又反悔的，人民调解委员会应当按下列情形分别处理：

（一）当事人无正当理由不履行协议的，应当做好当事人的工作，督促其履行；

（二）如当事人提出协议内容不当，或者人民调解委员会发现协议内容不当的，应当在征得双方当事人同意后，经再次调解变更原协议内容；或者撤销原协议，达成新的调解协议；

（三）对经督促仍不履行人民调解协议的，应当告知当事人可以请求基层人民政府处理，也可以就调解协议的履行、变更、撤销向人民法院起诉。

第三十八条 对当事人因对方不履行调解协议或者达成协议后又后悔，起诉到人民法院的民事案件，原承办该纠纷调解的人民调解委员会应当配合人民法院对该案件的审判工作。

第六章　对人民调解工作的指导

第三十九条　各级司法行政机关应当采取切实措施，加强指导，不断推进本地区人民调解委员会的组织建设、队伍建设、业务建设和制度建设，规范人民调解工作，提高人民调解工作的质量和水平。

各级司法行政机关在指导工作中，应当加强与人民法院的协调和配合。

第四十条　各级司法行政机关应当采取多种形式，加强对人民调解员的培训，不断提高人民调解员队伍的素质。

第四十一条　各级司法行政机关对于成绩显著、贡献突出的人民调解委员会和人民调解员，应当定期或者适时给予表彰和奖励。

第四十二条　各级司法行政机关应当积极争取同级人民政府的支持，保障人民调解工作的指导和表彰经费；协调和督促村民委员会、居民委员会和企业事业单位，落实人民调解委员会的工作经费和人民调解员的补贴经费。

第四十三条　乡镇、街道司法所（科），司法助理员应当加强对人民调解委员会工作的指导和监督，负责解答、处理人民调解委员会或者纠纷当事人就人民调解工作有关问题的请示、咨询和投诉；应人民调解委员会的请求或者根据需要，协助、参与对具体纠纷的调解活动；对人民调解委员会主持达成的调解协议予以检查，发现违背法律、法规、规章和政策的，应当予以纠正；总结交流人民调解工作经验，调查研究民间纠纷的特点和规律，指导人民调解委员会改进工作。

第七章　附则

第四十四条　人民调解委员会工作所需的各种文书格式，由司法部统一制定。

第四十五条　本规定自二〇〇二年十一月一日起施行。本规定发布前，司法部制定的有关规章、规范性文件与本规定相抵触的，以本规定为准。